U0037511

大旗出版
BANNER PUBLISHING

大旗出版
BANNER PUBLISHING

大旗出版
BANNER PUBLISHING

大旗出版
BANNER PUBLISHING

改變的中國 一千個瞬間

1 遠古時期～魏晉南北朝

目　錄

秦漢時期：大一統之後的繁榮與衰落 103

秦朝（公元前二二一年～公元前二〇六年） 104

三國兩晉南北朝：一段紛亂割據的爭霸史 161

遠古時期：
人類最初的曙光

　　原始社會是人類社會發展的第一階段，是隨著人類的出現而出現的。人類從遠古的洪荒走來，投入了大自然的懷抱，並開始了群居生活。他們在廣袤的天地中，和大自然進行著生死較量，他們結成群體一起生活，逐漸學會了使用工具，發明了火，從此告別了茹毛飲血的蒙昧狀態。

　　最早的石器時代，當時的生產力水準很低，生產工具都是公有的，沒有階級。隨著青銅時代和鐵器時代的到來，生產力不斷提高，逐漸出現財富的累積，私有制和階級社會也隨之出現。

　　元謀人是已知的中國境內最早的人類。中國的原始社會，起自大約一百七十萬年前的元謀人，止於公元前二十一世紀夏王朝的建立。原始社會經歷了原始人群和氏族社會兩個時期，而氏族社會又經歷了母系氏族社會和父系氏族社會兩個階段。

盤古開天闢地

傳說，在久遠的上古時代，天地是混沌的一片，既沒有山谷河流，也沒有日月星辰，既分不清上下左右，也分不清東南西北，沒有光亮，也沒有聲音。而盤古就生於其中，他無法忍受這片混沌和黑暗，於是揮起一把巨斧，用力地一劈，混沌的宇宙被劈成了兩部分：輕而清的那部分不斷上升，成了天；重而濁的那部分不斷下降，成了地。

盤古每天長高一丈，天空每天升高一丈，地每天變厚一丈，就這樣過了一萬八千年，盤古長成了一位巨人，而天空變得高遠遼闊，大地變得堅實厚重。盤古死後，他的身體變為了日月星辰，天地萬物，為人類的繁衍生息創造了場所。

女媧造人

盤古開天闢地以後，用他的身軀造出了日月星辰、山川草木、蟲魚野獸等世間萬物。這時，天神女媧覺得寂寞，於是她用黃土和泥，照著自己的樣子捏出了一個一個的泥人。她把這些泥人放在地上，他們居然活了過來，到處奔跑。於是，女媧又按照同樣的方法捏了很多的人。

後來女媧累了，於是她用藤條蘸上泥漿，向地上揮灑，落在地上的點點泥漿居然也變成了一個個的人，就這樣，女媧造出了最初的人類。

有一天，女媧發現有的人因為變老而死去了，於是，她又建立了婚姻制度，教人類配成夫妻，繁衍後代。因此，女媧被後世人奉為「神媒」。

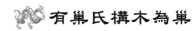 有巢氏構木為巢

　　有巢氏是最早發明巢居的人。上古時期的人類還沒有房屋，他們露天席地，經常會受到各種猛獸的攻擊。有巢氏受鳥類在樹上築巢的啟發，最先發明了巢居。他教人們和鳥兒一樣築巢而居，用樹枝、藤條等在樹上建造房屋，房屋的四壁和屋頂都遮擋得緊密結實，既能遮風擋雨，又能防止動物的攻擊，人們從此不再過那種擔驚受怕的日子。

　　有巢氏因此而受到人們的尊重和感激，被推選為部落酋長，人們尊稱他為有巢氏。有巢氏的故事體現了上古時代的人們在和大自然奮鬥的智慧。

燧人氏鑽木取火

　　燧人氏是傳說中鑽木取火的發明者。最初的人類還不懂得使用火，他們打回來的野獸，都是直接連毛帶血地吃掉，對身體非常有害。後來人們發現被閃電劈死的動物的肉特別鮮美可口，於是人們學著把自然火種保存起來使用，但是這樣很不方便。

　　後來，燧人氏從石塊相擊產生火星的現象得到了啟發，發明了鑽木取火的方法。他教人類用火烤動物之後再食用，這樣吃起來不僅味道鮮美，而且有利於健康，人類從此告別了茹毛飲血的生活。

神農氏嘗百草

　　神農氏是傳說中農耕和醫藥的發明者。遠古時代的人們分不清哪些植物可以吃，哪些不可以吃，於是，經常會有人因吃錯了東西而中毒，然後生病或者死去。部落首領神農氏目睹這一切後，他決

心親自嘗遍各種植物，判斷出哪些是可以吃的，哪些是不可以吃的。為此，他曾經一天之內中毒七十次，終於找到了可以食用和可以用做藥材的植物。

後來，神農氏又從植物中篩選出了稻、黍、稷、麥、菽五穀，教人們割掉野草，開墾土地，種起了穀子，他還教會了人們打井和灌溉的方法。神農氏被後人尊為「五穀爺」、「神農大帝」、「藥王」等。

元謀人的出現

元謀人又稱元謀直立人，是目前中國境內發現的最早的人類。一九六五年五月，中國地質科學院在雲南元謀縣上那蚌村西北的小山崗上發現了元謀人的化石，包括兩枚上內側門齒，據研究這兩枚牙齒屬於同一位成年個體。

之後考古學家們又在此地發現了石器、炭屑以及有人為痕跡的動物肢骨，證明元謀人已經學會了製造工具和使用火，並能夠抓捕野獸作為食物。根據古地磁學方法測定，元謀人的生存年代為一百七十萬年前左右，是中國舊石器時代的早期人類。

石器的出現

石器是以岩石為原料製作的工具，它是人類最初的主要生產工具，盛行於人類歷史的初期階段。

最早出現於距今約二百五十萬年前，共經歷了兩三百萬年的時間，這一階段因此被稱為石器時代。石器時代又分為舊石器時代和新石器時代，也有人將新、舊石器時代之間列出一個過渡的中石器時代。舊石器時代以打製石器為代表，這種石器利用石塊敲擊而成的石核或打下的石片，加工成一定形狀的石器，主要有砍砸器、刮

削器、尖狀器等。而新石器時代盛行磨製石器，這種石器先用石材打成或琢成適當形狀，然後在礪石上研磨加工而成，石器種類大大增加，常見的有斧、鑿、刀、鐮、犁、矛、鏃等。後來的人類還發明了鑽孔技術，在石器或骨頭上面鑽孔，磨製成縫製衣物用的骨針，用獸牙、獸角、貝殼等製作成裝飾品。

石器經歷了漫長的發展歷程，是人類重要的生產工具，一直到夏商以後才被青銅器、金屬等代替。原始社會的石器雖然材料單調，技術簡單，但其使用和發展增強了人類的生產能力，豐富了人類的生活。

北京猿人的出現

北京猿人在科學上常被稱為北京直立人，又叫山頂洞人，他們生活在距今約二十萬～七十萬年前。一九二七年，北京猿人的化石在北京市西南周口店龍骨山被發現，後來考古學家們又發現了石製品、骨角製品，他們不但能夠製作石斧等工具，還學會了穿孔，將野獸的骨頭磨製成骨針，用來將動物的皮毛縫製成衣物。此外在周口店龍骨山的山洞裡還發現了很厚的灰燼層，表明北京猿人已經會使用火和保存火種。

山頂洞人已經開始以血緣關係為單位，過著群居生活，他們採摘野果、捕捉動物作為食物。北京猿人的發現證明了直立人的存在，明確了人類發展的序列，為「從猿到人」的學說提供了有力的證據。而周口店龍骨山成為世界上資料最有系統、最豐富的直立人遺址。

 農業和畜牧業的出現

大約在距今五六千年前，母系氏族社會處於繁榮時期，此時，人類已經開始了定居生活，農業和畜牧業相繼出現並得到發展。此時的人類已經不再單純地以打獵和採集野果為生，而是開始了人工種植糧食作物。氏族社會依靠集體的力量，使用石斧、石刀、石鐮、骨耜等工具進行農業生產。

當時在北方的黃河流域主要種植粟等植物，在半坡遺址就出土了大量的碳化粟。而南方的長江流域則主要種植水稻等作物，中國成為古代最早栽培水稻的國家。而定居生活的穩固和農業生產的發展也為畜牧業的發展提供了條件，人類開始飼養豬、狗、羊等家畜，在江南地區還出現了水牛。而所謂的「六畜」——馬、牛、羊、豬、犬、雞就是從此時開始形成的。

 母系氏族社會的興衰

原始社會中，人類根據母親的血緣關係結成了親族集團，也就是氏族社會。母系氏族社會是原始氏族社會的早期階段，由於那時的婚姻體系是群婚制，所以人們只能確定自己的母親，而不知道自己的父親，因此所有氏族成員便圍繞母親形成了一個巨大的氏族。

女性在氏族社會中享有很高的地位，成年女性一代一代地成為氏族首領，主導氏族內部的事務。那時，農業和畜牧業開始出現，紡織、製陶等工藝都得到較大發展，婦女主要從事採集、紡織、縫補和原始農業等，在生活物資的供給方面發揮主要作用，而男子則主要從事狩獵、捕魚、保護集體安全等工作。

　　母系氏族社會約產生於舊石器時代晚期，新石器時代到來後，生產力不斷發展，男性在社會中的地位提高，母系氏族社會逐漸被父系氏族社會所取代。

陶器的出現

　　中國早在新石器時代就出現了陶器，原始社會晚期，農業生產和畜牧業逐漸發展起來，人們開始過上了定居生活。為了使生活更加方便，人們將天然的黏土進行淘洗之後，摻上沙子等，燒製出簡單的陶器。製陶成為當時非常發達的手工業部門，這時候的陶器主要有釜、鼎等用來炊煮的簡單的容器。後來人們逐漸學會了在陶器上製作各種紋飾和彩繪，於是出現了彩陶。

　　中國迄今已發現了多處新石器時代的殘存陶片，在河姆渡遺址發現了造型簡單、粗獷的黑陶，在半坡和姜寨等仰韶文化遺址發現了大量做工精美、繪有圖畫的彩陶，有些陶器上還有簡單的刻劃符號，有人認為這可能是早期人類的文字。隨著社會的不斷發展，陶器的品質逐步提高，隨著燒製、鉛釉和繪畫等技術的發展，陶瓷在漢唐後達到繁榮，成為具有很高藝術價值的工藝品。

父系氏族社會的發展

　　母系氏族社會時期，生產力不斷發展，出現了冶銅等新興的手工業部門，勞動強度不斷加大，因此男子在社會生產中逐漸由次要地位上升到主導地位，而女性的地位則受到了排擠，有所下降。於是，社會分工的變化導致了社會結構的變化，隨著男子地位的提高，男子娶妻入門的現象日益增多，而女性因為在社會生產中喪失了中心地位，在家庭和氏族中的支配權力也漸漸喪失，日益成為男

子的附屬，擔負著生子、照顧家庭等工作。

　　整個社會形成了以男子為中心的大家族，男子是社會財富的主要創造者和支配者，他們支配著生產、生活和公共事務，氏族首領由成年男子擔任。而世系也按父系計算，財產由子女繼承，男子是家庭和社會的核心，有權支配家庭的財產，並支配其家庭成員，妻子從夫居。隨著父系社會的發展，一夫一妻制的婚姻形態也開始形成。

黃帝大戰蚩尤

　　黃帝，姬姓，號軒轅氏，黃帝和炎帝都是黃河流域著名的部落首領。黃帝的部落最早居住在中國西北部的姬水附近，後來搬到涿鹿定居下來，開始發展畜牧業和農業。

　　這時，在長江流域有一個九黎族，他們的首領名叫蚩尤，兇猛強悍，經常帶領手下侵擾別的部落。有一次，蚩尤率兵侵占了炎帝所在的部落，炎帝向黃帝求救，於是黃帝聯合各部落首領，在涿鹿的田野上和蚩尤展開了一場大決戰，經過了一番血戰，終於打敗了蚩尤，這就是著名的「涿鹿大戰」。

　　黃帝打敗蚩尤之後，受到了許多部落首領的擁護，於是他漸漸統一了各個部落，成為了華夏民族的始祖。

倉頡造字

　　倉頡是黃帝時候的史官，遠古時期的人們沒有文字，他們通過結繩記事，大事打一大結，小事打一小結，後來又發展到用刀在木、竹上刻符號記事。

　　黃帝統一華夏以後，文明不斷發展，事務日益繁多，這些記事

方法已經不能滿足實際需要，於是就命倉頡想辦法。倉頡冥思苦想，到處觀察，後來他發現所有的飛禽走獸、日用器物都有各自的特徵，於是，他根據萬事萬物的形態等特徵畫出符號，造出了許多象形文字。他將這些符號和其代表的意義教給九州酋長，這些象形文字便開始應用起來，這就是最早的文字。

 堯舜禪讓

堯和舜都是遠古時期的部落首領。堯從十六歲開始治理天下，他非常賢明，與大家一起同甘共苦，受到老百姓的擁護。到八十六歲那年，他覺得自己年老體衰，想找一個人來接替他。這時，有人推薦舜做他的繼承人，堯決定先考驗考驗舜，於是把自己的女兒娥皇和女英嫁給了舜。

三年之後，堯覺得舜是一個誠實勤懇、德才兼備的人，於是正式將帝位禪讓給舜。舜即位以後，親自耕田、打漁，把天下治理得比堯的時期更好，深受大家愛戴。舜老了以後，依然召開部落聯盟會議選舉自己的繼承人，大禹因治水有功被推舉為繼承人。

堯舜禪讓的歷史傳說，反映了原始社會的民主制度。

 大禹治水

禹是鯀的兒子，堯時被封為夏伯，所以又稱為夏禹。堯在位的時候，黃河流域經常洪水氾濫，老百姓飽受水患，經常流離失所，生活淒苦。於是堯召開部落聯盟會議商討治水問題，大家推舉鯀去治理洪水。

鯀帶領百姓修建了大量的堤壩，想用堤壩堵住洪水。可是，九年過去了，水患不僅沒有治好，而且越來越嚴重。舜即位以後，殺

死了治水不力的鯀，改派鯀的兒子禹去治理洪水。

禹吸取了父親治水失敗的教訓，他採用疏通河道的方法，帶領群眾開鑿河道，把洪水引到大海裡。禹治水時恪盡職守，絲毫不敢休息，他新婚後不久就離開妻子，踏上治水的道路，三次經過家門，都沒有進去看一眼新婚的妻子和剛剛出生的孩子。經過十三年的治理後，洪水終於退去，人們為了表達感激之情，尊稱他為「大禹」。

先秦時期：
奴隸社會的
瓦解

　　原始社會後期，隨著生活水平提升和私有財產的出現，人類進入了奴隸社會。大禹之子啟破壞了堯、舜以來的禪讓制，建立夏朝，正式開啟了「家天下」的歷史。

　　夏桀暴虐，商湯揮師滅夏，建立殷商；商紂荒淫，周武王又起兵伐紂，建立西周。西周初年，大封諸侯七十多家。後期周室衰微，周平王遷都洛邑，史稱東周。

　　此後，各個諸侯相互征戰，擴張領土，紛紛稱王，天下共主的局面已不復存在。春秋、戰國時期先後出現了春秋五霸、戰國七雄等諸雄並立、逐鹿中原的局面，周王室甚至成為了諸侯爭霸的一枚棋子，最終被秦始皇所廢。

　　不過此時卻是學術思想自由、文化繁榮的一個重要時期，諸子百家紛紛著書立說，闡述思想，思想文化領域出現了空前的繁榮景象，史稱「百家爭鳴」。

夏朝（約公元前二〇七〇年～公元前一六〇〇年）

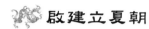 **啟建立夏朝**

　　大禹成功治理洪水，將老百姓們從滔天洪水中解救了出來，他因此深受百姓擁護，舜將王位禪讓給他。大禹晚年，他因伯益曾經輔佐舜治理山澤，調馴鳥獸，並輔佐大禹治理洪水，管理國家，功績卓著，所以在臨死之前決定禪位於伯益，但是大禹的兒子「啟」卻從伯益手中奪取政權，建立了夏朝。

　　從啟開始，家天下的「世襲制」代替了「禪讓制」，奴隸社會也就此開始。啟即位後，殺死伯益，有扈氏對啟破壞禪讓制度的做法十分不滿，拒絕來賀，啟發兵征伐有扈氏，雙方大戰於甘，有扈氏戰敗被滅。這次勝利，使新生的政權得到初步鞏固。

　　一開始，啟嚴於律己，任用賢能，得到了百姓的支持。但是啟晚年的生活日益腐化，他整日飲酒作樂，荒廢朝政，最後因為荒淫過度而死。

太康失國

　　啟因為荒淫過度而死之後，他的兒子太康即位，太康與啟相比更是有過之而無不及。他沉湎於歌舞遊獵、聲色犬馬之中，經常會

帶著一幫親信到洛水之濱打獵，還會帶上一幫歌舞伎，奢侈淫樂，沉醉於歌舞昇平之中。

太康有時會外出數月不歸，荒廢朝政，激起了人民的強烈不滿，導致國內矛盾重重，同時也招致了外來部族的大舉進犯。東夷族有窮氏首領后羿善於射箭，野心勃勃，他見太康外出狩獵數月不歸，於是趁機占領了夏都斟鄩，掌握了夏的政權。太康無法返回，只好在洛水南面過著流亡生活。

一開始后羿還不敢自立為王，他先後立太康的弟弟仲康和仲康的兒子相為夏王，背地裡卻廣羅黨羽，把實權牢牢地掌握在自己手中。公元前二一四五年，覺得時機成熟後，后羿罷黜了相，並將他放逐到斟灌，自立為夏王。

寒浞自立為王

后羿同樣是一個昏君，他即位後荒淫無道，不理朝政，經常會外出遊獵玩樂，讓自己的親信兼義子寒浞替他主政。

寒浞為人奸詐狡猾，他鼓動后羿長年遊獵在外，藉以培植自己的勢力。在作好充分準備後，有一次寒浞乘后羿從外打獵回來，在其無任何防備的情況下，布置家眾將他射殺，然後自己登上王位，掌管了夏政權。

仲康的兒子相被放逐以後，便投奔到同姓諸侯斟灌氏那裡。這樣一來夏王朝的一些忠實擁護者，便紛紛投靠斟灌氏，試圖聯合起來恢復夏朝。寒浞怕有朝一日相的勢力一旦壯大，會對自己的王位構成威脅，於是決定斬草除根，派自己的兒子一路追殺，打敗了收留相的斟灌氏和斟鄩氏兩大諸侯，終於殺死了相。至此，寒浞徹底掌握了夏王朝的政權。

少康中興

　　寒浞殺死相以後，本以為已經把夏王朝的子孫趕盡殺絕，哪料相的妻子后緡當時已經懷有身孕，她趁亂從牆洞裡爬了出去，躲過了追殺。后緡奔到自己的娘家有仍氏，不久後生下一個兒子，取名叫少康。

　　少康自幼聰明過人，自幼他的母親就教育他要報仇雪恥，把失去的國家奪回來。於是，少康發奮圖強，發誓要殺死寒浞，復興夏王朝。少康成人後，寒浞的兒子過澆即位，他對少康展開追殺，於是少康投奔到了與夏王朝交好的有虞氏。

　　有虞氏國君將自己的兩個女兒嫁給少康，並把距虞城三十里的綸邑送給他。此後，少康便以綸邑為根據地，不斷積蓄力量，收羅舊部。相的舊臣靡應少康的號召，聯合斟灌、斟鄩兩地的復仇勢力，共同攻打過澆。公元前一九四〇年，少康終於推翻了過澆的統治，登上王位，恢復了夏朝的統治。

　　少康在穩定局勢以後，勵精圖治，發展民生，夏王朝的統治逐步鞏固，經濟快速發展，史稱「少康中興」。

季杼征東夷

　　季杼是少康的兒子，在少康復國的過程中，曾率兵攻滅寒浞的第二個兒子戈豷。少康死後，季杼即位為夏王。少康在位時，國力不斷強盛，但東夷諸部落時服時叛，成為夏朝的一大憂患，少康未來得及出征東夷便病死了。季杼即位後，積極籌劃征伐東夷各部，他先將王都由斟鄩（今河南鞏縣）遷至黃河北岸的原（今河南濟源西北），以擴大夏的勢力範圍，然後帶兵東征。

東夷人善射，因此季杼用獸皮製作了可以防止敵人砍射的盔甲，又發明了矛，使夏軍的戰鬥力大大增強。季杼還一度遷都於東夷部落附近的老丘，然後揮師東征。季杼的隊伍所向披靡，征服了今河南東部、山東和江蘇北部境內的夷人部落，一直打到黃海之濱。季杼的東征取得全勝，各個部落紛紛臣服，至季杼的兒子槐即位，夏朝達到了鼎盛時期。

孔甲亂夏

公元前一七〇四年，孔甲即位。孔甲原是夏王不降（夏朝第十一任君主）的兒子，由於他性情乖僻，父親不降擔心他治理不好國家，於是傳位給了自己的弟弟扃。扃死後又傳位於自己的兒子廑，廑死後才又由孔甲即位。孔甲即位後終日沉湎於歌舞美酒，荒廢朝政，傳說他曾創作了《破斧之歌》，是古代最早的東方音樂。

孔甲肆意淫亂，篤信鬼神，是一個胡作非為的殘暴昏君。有一次，天降大雨，又刮起大風，等到風停雨止，城外的山林又燃燒起來。孔甲本來就迷信鬼神，於是便認定是冤魂在作祟，立刻乘上馬車，到郊外去祈禱，祈禱完畢後在回宮的路上，孔甲在車中死去。從孔甲開始，原來歸附夏朝的各部落首領紛紛叛離，夏朝國勢日漸衰落，逐漸走向滅亡之路。所以《國語·周語下》中說：孔甲亂夏，四世而隕。

夏桀亡國

夏桀名履癸，是夏朝君主發之子，桀是商湯給他的諡號。他身材高大，孔武有力，能折斷鉤索，但卻自負勇武，暴虐無道，終日沉迷於聲色犬馬之中。

　　桀即位以後，四方諸侯早已相繼背離，不再來賀。而桀荒淫無度，致使此時的夏王朝危機四伏，內外交困，民不聊生。在即位後的第三十三年，桀率大軍征伐不肯聽命的東方小國有施氏，企圖殺一儆百，挽回各部落眾叛親離的局面。

　　有施氏為免於亡國，將絕色美女妹喜進獻於桀，桀大喜而歸，為妹喜建造了傾宮、瑤臺，還在傾宮中挖了灌滿酒的「酒池」。桀與妹喜通宵達旦地尋歡作樂，甚至一月不理朝政，終古、關龍逢等大臣苦苦勸諫，桀都不予理睬，終古最終投奔了商湯，而關龍逢被活活燒死，之後再也無人敢勸諫。

　　桀自比為天上的太陽，永遠不落，殊不知人民早已怨聲載道，夏朝的統治早已危如累卵。公元前十六世紀左右，夏朝被日益強大的商部落所滅。

中國出現曆法

　　《大戴禮記》中的《夏小正》為中國現存最早的科學文獻之一，也是中國現存最早的一部農事曆書。《夏小正》記載了夏代的曆法，將一年分為十二個月來記述物候、天象、星象和農事等，書中除二月、十一月與十二月外，每月都載有確定季節的星象（主要是拱極星象與黃道星象），以指導務農生產。

　　另外，《夏小正》也記載了當月植物的生長形態、動物的活動習性與祭祀等，有很高的實用價值，反映了夏朝的人已經由物候記時發展到以天象記事。夏朝的歷代君王開始以天干為名（如孔甲），這種趨勢到商朝時更加普遍，說明夏代已經開始以天干為序記事。

　　《夏小正》的內容涉及了星象與農業賴以使用的曆法的關係，對古代的天象與先秦的曆法研究有著重要的參考價值。

商朝（約公元前一六〇〇年～公元前一〇四六年）

商湯建國

商族是居住在黃河下游的一個以畜牧業為主的古老部落，為東夷的一支，以玄鳥為圖騰。商湯名履，又名天乙，在夏朝末年成為商族的首領。

夏朝後期，商部落在湯的領導下日益強大起來。湯很有才能，他以德立威，施行仁政，深受百姓愛戴，臨近部落紛紛歸附。夏王桀暴虐無道，民怨沸騰，於是湯厲兵秣馬，增強實力，在名相伊尹的輔佐下起兵伐桀。

湯採取先弱後強的戰術，先攻滅了桀的黨羽葛、韋、顧等國，擊敗了昆吾國，然後直逼夏都附近的重鎮鳴條（今山西省安邑縣西）。桀倉促應戰，兩軍於鳴條展開大戰，夏軍將士早已恨透了桀，紛紛逃散，湯軍取得全勝。桀只得倉皇逃入城內，攜帶妹喜和珍寶逃到南巢，被湯俘獲後放逐於此，後來死於此地，長達近五百年的夏王朝至此結束。

湯回師西亳召開了眾多諸侯參加的大會，得到三千諸侯的擁護，建立了商王朝，建都於亳。商湯立國後，吸取夏亡的教訓，採用「寬以治民」的政策，內部安祥和樂，民生不斷發展，國力

日益強盛。

商王朝在湯的統治下，發展成為強盛的國家。

伊尹放逐太甲

伊尹原是一名奴隸，因為在伊水邊居住，所以以伊為氏，尹為官名（相當於宰相）。後來被商湯重用，他十分有謀略，曾作為間諜親自進見夏桀，試探夏王朝的虛實。在得知桀荒淫無道，已經盡失民心之後，遂輔佐商湯滅掉夏朝。之後他輔佐商朝君王五十餘年，為四朝元老，權傾一時。

太甲名至，是商湯的長孫，太丁的兒子，因成湯的長子太丁早夭，於是由太丁之弟外丙、仲壬先後即位。仲壬病死後，太甲即位為商朝的第四位國王。太甲即位後，由伊尹輔佐執政，伊尹先後作了《伊訓》、《肆命》、《徂后》等文章，教導太甲遵守祖先法制，做一位明君。

太甲剛即位時還能遵守法制，勵精圖治，把國家治理得井井有條，可是三年之後就變得貪圖享樂，暴虐百姓。伊尹百般勸誡，太甲都充耳不聞，於是伊尹將他放逐到商湯墓地附近的桐宮，讓太甲在桐宮中學習，自己攝政當國，代行天子職權。三年後，伊尹見太甲悔過自責，棄惡從善，於是重新將他迎回王都。

太甲復位後，果然痛改前非，成為了一個勤政愛民的聖君，各方諸侯紛紛歸附，太甲死後，伊尹作《太甲訓》三篇褒揚太甲，尊太甲為太宗。

九世之亂

九世之亂是指商朝中期王室內部為了王位之爭而出現的混亂

局面。因為商王多妻，子弟很多，所以自仲丁（商朝第十一任君主）之後，連續發生王位紛爭事件，導致王朝中衰，統治階級內部衝突尖銳，又屢次遷都，許多諸侯相繼背離。這一動亂歷經仲丁、外壬、河亶甲、祖乙、祖辛、沃甲、祖丁、南庚、陽甲九王，故稱「九世之亂」。

仲丁是商王太戊的兒子，他在位的時候將首都從亳遷到囂（今河南鄭州附近）。那時東南方的夷族開始興起，仲丁出兵擊退了試圖進攻商朝的藍夷，但仲丁本身的勢力遭受重創。仲丁死後，他的一大堆兄弟經過一番爭奪，最後由仲丁的弟弟外壬即位，自此開了「誰勢力大誰即位」的先例，造成了一百多年王位繼承的混亂局面。

外壬死後，他的弟弟河亶甲即位。河亶甲曾遷都於相，出兵征伐東南方的藍夷和班方。河亶甲病死後，他的兒子祖乙即位，祖乙將國都遷至耿，後又遷都於庇，並成功平服了藍夷、班方等國，使商王朝出現中興。祖乙死後，他的兒子祖辛即位，祖辛死後又由他的弟弟沃甲即位。沃甲死後，他的侄子、祖辛的兒子祖丁即位。祖丁死後又由沃甲的兒子、他的堂弟南庚即位。南庚遷都於奄（今山東曲阜縣），商朝國運再度衰落。南庚死後又由祖丁的兒子陽甲即位，這位陽甲就是盤庚的哥哥。陽甲在位時，商朝內亂不止，貴族之間相互殘殺。商朝衰落，諸侯不朝。

盤庚遷都

盤庚是商湯的第九代孫，公元前一三〇〇年即位。在他即位以前，商王朝的統治階層生活開始變得奢華糜爛，驕奢淫逸，王室內部為爭奪王位鬥爭激烈，加之自然災害的影響，商王朝內亂不斷，

階級衝突嚴重。同時其他的諸侯國也開始強大起來，有的已經不來朝見了。

為了振興商王朝的統治，盤庚之前的君王已經多次遷都，但均效果不大。公元前一二九八年，為了抑制貴族們的奢侈生活，緩和社會矛盾，挽救已經呈現頹勢的商王朝，盤庚不顧貴族們的反對，再次放棄原來的都城，率眾西渡黃河，將都城從奄遷到殷（今河南安陽）。

遷都以後，盤庚執行了比較開明的政策，政治有所改善，社會比較穩定，人民安居樂業，商王朝從此中興，「盤庚遷殷」成為商代的一個重要轉捩點。此後的二百七三年多，商的都城一直都在這裡，商朝也因此被稱為殷朝或殷商。

武丁中興

武丁名昭，是商王小乙的兒子，公元前一二五九年即位。據說他少年時期遵從父命在民間與平民一起生活，因此深知民眾疾苦和稼穡艱辛。他即位後勤於政事，從不貪享安逸，他任用奴隸出身的傅說、甘盤、祖己等賢能之人輔政，勵精圖治，使商朝經濟、軍事得到空前發展。

內政鞏固之後，武丁開始征伐周圍的方國蠻夷。他先後征服了鬼方、土方、西羌等對商朝構成威脅的方國，之後還率兵攻打江漢流域的荊楚，將其納入商朝的版圖範圍。據說他曾征服了四十多個方國部落，他們紛紛臣服，向商朝交納糧食、牲畜、人牲等貢物。

武丁在位時，商朝達到鼎盛時期，成為西起甘肅、東到海濱、北及大漠、南逾江漢，包含眾多部族的大國，即「武丁中興」。為了控制被征服的廣大地區，武丁在各地建立城邑，把自己的子孫、

功臣以及臣服的方國部落首領分封在那裡，被分封者稱為侯或伯，開創了「分封制」的先河，而後來滅商的周人之祖先就是在武丁時代被征服並分封的。

婦好出征

婦好是武丁六十多位妻子中的一個，她是武丁的原配，也是後來的商朝君王祖庚、祖甲的母親。

「婦」是一種特定的稱謂，而「好」字則是她的氏。婦好是中國歷史上第一個有文字記載的女將軍，也是一位傑出的女政治家。商朝時信奉「國之大事，在祀與戎」，而婦好不僅能夠率領軍隊東征西討，為武丁拓展疆土，而且文化水準很高，還能夠主持商朝的各種祭祀活動，她因此成為最有能力、最受武丁寵愛的一位王后。

武丁時商朝極度繁榮，商朝的版圖擴大了數倍，而為武丁帶兵東征西討的大將就是他的王后婦好。據甲骨文資料顯示，婦好經常參與戰爭，主持國家祭祀。婦好多次帶兵打仗，北討土方族，東南攻伐夷國，西南打敗巴軍，為商王朝的開疆拓土立下了赫赫戰功。她還運籌帷幄，巧設埋伏，率兵一萬三千人討伐羌方，此戰是武丁時期用兵最多的一次。

有趣的是，婦好嫁給武丁成為王后之後，武丁封給了她大量的土地和子民，她並不和武丁住在一起，而是經常待在自己的封地裡。婦好英年早逝之後，武丁十分悲痛，把她葬在了宮殿區，並為她舉行了獨祭。

太丁殺季歷

太丁（文丁）是商王武乙的兒子，於公元前一一一二年即位，共在位十一年。季歷是周始祖古公亶父的小兒子，也是後來的周文王姬昌的父親。

武乙在位時季歷即位為周侯，武乙曾授予季歷征伐之權。季歷率兵西滅程（今陝西咸陽）、北伐義渠（今寧夏固原），到殷都朝貢，屢次受到武乙的賞賜，周國不斷強大起來。

太丁即位後，對周採取懷柔政策，以解除周人的威脅。季歷又率兵征伐餘吾戎，迫使其臣服於周。太丁任命季歷為殷牧師，掌管商朝西部地區的征伐。其後季歷又征伐始呼戎、翳徒戎，聲威大振。太丁眼看季歷的勢力不斷壯大，有功高蓋主的的危險，於是決定抑制周的發展。

季歷到殷都獻俘報捷時，太丁賜給他圭瓚、積匕等物，作為犒賞，並加封季歷為西伯侯，使季歷毫無防備之心。當季歷準備返周時，太丁突然下令囚禁季歷。不久，季歷死於殷都。

季歷的兒子姬昌即位為西伯侯，他以德治國，仁政愛民，大力發展民生，並組建了強大的軍隊，周國迅速地發展起來，為以後的滅商之路奠定了基礎。

帝乙歸妹

商王太丁死後，他的兒子帝乙即位。西伯侯季歷被商王太丁殺害以後，商周關係迅速惡化。

季歷的兒子姬昌即位以後，積德行善，建立很高的威信。姬昌相繼征服了周圍的部族，使周國的勢力不斷擴張，他積蓄兵

力，準備為父報仇。此時，位於商王朝東南的夷方也先後叛亂，攻打商朝，帝乙忙於帶兵征伐島夷、淮夷、孟方等方國。為了避免東西兩方同時受敵，也為了修好因其父太丁殺害季歷而驟然緊張的商周君臣關係，帝乙決定將他的妹妹嫁與姬昌，通過和親的辦法來緩和商周矛盾，穩定大局，希望商周之間能夠彼此不記前嫌，親善相處。

姬昌審時度勢，認為滅商時機還未成熟，同時也為了爭取充足的時間，遂同意與商聯姻。帝乙親自擇定婚期，置辦嫁禮，並命姬昌繼其父為西伯侯。成婚之日，姬昌親自去滑水相迎，以示鄭重。此事史稱「帝乙歸妹」，一時傳為美談，商周雙方皆大歡喜，重歸於好。

紂王荒淫亡國

紂王是商朝的最後一位帝王，即帝辛，紂王是後人加給他的名字。他是帝乙的兒子，帝乙死後，因其長子微子啟的母親身分卑賤，不得繼承王位，所以由子辛即位。

紂王博聞廣見，思維敏捷，身材高大，臂力過人，他曾經攻克東夷，把疆土開拓到中國東南一帶，開發了長江流域。但他即位時，商朝已經到了分崩離析的邊緣，階級矛盾尖銳，王室與貴族之間的鬥爭十分激烈，諸侯國也日益離心。

紂王生活奢侈糜爛，荒淫無度，橫徵暴斂，窮兵黷武。他寵信妲己，淫亂後宮，造酒池肉林，日夜享樂，並大用炮烙等刑罰，草菅人命。微子啟屢次勸諫都不聽，於是逃往西周，紂王的叔叔比干冒死相諫，卻被紂王剖心而死。稍有不滿的大臣就會被處死或囚禁，紂王已經到了眾叛親離的地步。

紂王末年,諸侯並起,西方的周國已經作好伐商準備,而此時紂王正在發兵攻打反叛的東夷部落,導致國內兵力空虛,終於被周武王所滅,商朝就此滅亡。

青銅器的鼎盛

青銅器是指由青銅製成的各種器具,主要指先秦時期用銅錫合金製作的器物,包括炊器、食器、酒器、水器、樂器、車馬飾、銅鏡、帶鉤、兵器等。

青銅器流行於新石器時代晚期至秦漢時代,最初出現的是小型工具和飾物,夏朝時開始出現青銅容器和兵器等,商周時期青銅器的發展達到鼎盛。

在商代,青銅鑄造業成為最發達的手工業生產部門。商代的鑄銅業地域分布十分廣泛,青銅器的種類繁多,器型多樣,兵器、日用器皿、生產工具等無所不有,這時的青銅器渾厚凝重,造型美觀,還刻有銘文和精細的花紋。

一九三八年在河南安陽市武官村出土的后母戊鼎高一三三公分,橫長一一〇公分,寬七十八公分,重八三二公斤,鼎腹長方形,上豎兩隻直耳,下有四根圓柱形鼎足,是中國目前已發現的最重的青銅器,據載該鼎是商王祖庚或祖甲為祭祀其母所鑄。

一九三八年湖南省寧鄉縣出土的四羊方尊高五十八公分,重達三十四公斤,是中國現存商代青銅方尊中最大的一件。青銅器做出來的時候是金色的,因為埋在土裡很久才變成了綠色,由於商代的青銅器完全是由手工製造,沒有任何兩件是一模一樣的,因此具有很高的文物和藝術價值。

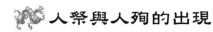 人祭與人殉的出現

人祭和人殉反映了奴隸們在古代社會的悲慘處境。人祭與人殉是隨著私有制和父系氏族社會的出現而出現的，最早大約出現於原始社會末期，到商朝中後期時達到頂峰。

商朝社會是由貴族、平民和奴隸組成的，奴隸處在社會的最底層。戰俘是奴隸的主要來源，首領會將戰爭獲得的戰俘分給貴族，他們不僅可以任意使用奴隸，而且還可以隨意殺戮，用他們來祭祀和殉葬。

商王和貴族們非常頻繁地舉行祭祀活動，在祭祀祖先、天神、人鬼時他們會把奴隸殺死，和牛羊等一起作為祭祀的犧牲。據甲骨文記載，每次用來祭祀的奴隸人數不等，最多的時候達五百人。此外，商朝貴族死的時候還會用活人殉葬，一般是用死者的妻妾寵幸及親近的奴僕，少則一二人，多則上百人。他們企圖在死後還能奴役這些奴隸，讓奴隸們繼續為其服務。

甲骨文的出現

甲骨文是中國已發現的古代文字中時代最早、體系較為完整的文字，主要是指殷墟甲骨文，是商代時期人們刻或書寫在龜甲和獸骨上的文字。

甲骨文於十九世紀末年在殷代都城遺址──今河南安陽小屯被發現，是中國商代後期王室用於占卜記事而刻或寫在龜甲和獸骨上的文字。甲骨文被認為是現代漢字的早期形式，也是現存中國最古老的一種成熟文字，其造字方法主要有象形、假借、形聲三種，儘管其外形和我們現在的漢字有很大區別，但已經具備了今日漢字結

構的基本要素。目前中國發現的甲骨大概有十五萬片,有四千多個單字,能夠辨認的有一千多個。

商周帝王由於迷信,凡事都要進行占卜,然後把占卜的有關事情刻在龜甲或獸骨上,並作為檔案由王室史官保存。甲骨文所記載的內容極為豐富,涉及到商代社會生活的諸多方面,不僅包括政治、軍事、文化、社會習俗等內容,而且涉及天文、曆法、醫藥等科學技術,是研究中國古代特別是商代社會歷史、文化、語言文字等極其珍貴的第一手資料。

西周（公元前一○四六年～公元前七七一年）

周文王重用姜尚

　　姜子牙，名尚，字子牙，東海上人。據說祖先在舜時為「四岳」之一，曾幫助大禹治水立過功，被封在呂，所以姜子牙又稱呂尚。

　　到姜子牙時，家道已經敗落，所以姜子牙為了維持生計，做過屠夫，開過酒肆，但他人窮志不短，始終勤奮刻苦地學習天文地理、軍事謀略，研究治國安邦之道。不過他雖然滿腹經綸，卻懷才不遇，直到年逾花甲，滿頭白髮，仍沒有機會施展其才能與抱負。

　　西伯侯姬昌被商紂王囚禁，回國之後，他想起兵攻商，卻因時機不成熟而不得不暫時擱置下來，積蓄力量以等待時機。姬昌以德治理國家，禮賢下士，尊老慈少，因此諸侯紛紛歸附，天下有名望的賢人爭相投奔。據說，有一天姬昌在渭水南岸看到一位器宇不凡的白髮老者，用不掛誘餌的直鉤釣魚。於是上前與他攀談起來，他發現這位老者不僅懂得治國安邦之道，而且很有軍事謀略，於是大喜過望，邀他同車。

　　這位老者就是姜子牙，因為周國從太公古公亶父起，就希望能有一位賢人幫助治理國家，所以姬昌說：「吾太公望子久矣！」所

以姜子牙被尊稱為太公望。在姜太公的輔佐之下，周國不斷強大，為滅商奠定了基礎。

武王伐紂

周族是一個後起的姬姓部族，有著悠久的歷史，他們以后稷為祖先，並把他尊為農神，西周的農官長便是以「后稷」命名。周族長期在陝甘一帶活動，後以岐山之南的周原為主要的根據地。

公元前十一世紀初，西伯侯姬昌即位後大力發展農業生產，不斷擴充實力，同時注意積善修德，與周圍的部族友好相處，周族力量的強大無疑對商朝構成了威脅，於是，商王帝辛（商紂王）將姬昌囚於羑里達七年之久，周臣將無數的美女、珍寶進獻給帝辛，他才放了姬昌。

此時帝辛倒行逆施，導致商朝國內矛盾尖銳化。姬昌回國後，任用姜太公為軍師，不斷擴充軍事實力，加緊了伐商的準備。姬昌逝世後，太子姬發（周武王）即位，他繼承父親遺志，重用姜太公、周公、召公治理國家，國力日益強盛。

公元前一〇四六年，趁商朝主力征戰東夷之際，周武王聯合庸、蜀、羌、髳、盧、彭、濮等部族向商都朝歌進軍，兩軍大戰於朝歌附近的牧野，史稱「牧野之戰」。商朝的奴隸們陣前倒戈，引導周軍攻陷朝歌。商王帝辛倉皇逃跑，在鹿臺自焚而死，商朝滅亡。周朝由此建立，定都鎬京，中國歷史進入了周王朝時代。

分封諸侯

西周建立之初，為了鞏固周朝的統治，周武王大封諸侯，把自己的親屬和功臣分封到各個地方，並分給他們一定的土地和子民，

讓他們修建城邑進行統治，管理邊疆地區。

到成王時期，周公旦東征以後又開始大封異性諸侯，楚國就是在此時得到楚子的爵位的。

周初分封者主要是同姓的王室成員、功臣以及古代帝王之後，從周武王到他的兒子周成王時期，一共封了七十一個諸侯國，其中姬性的諸侯國有五十三個。這些諸侯國可以世代承襲王位，中央向諸侯國派出監察官吏進行監督，諸侯國要定期向周王朝納貢。

周初的主要分封國有魯國、齊國、晉國、宋國、燕國等。魯國是周公旦的封地，因周公旦輔佐王室，所以由長子伯禽管理；齊國是姜尚的封地，地域廣闊，是周王室控制渤海一帶的重要力量；宋國是商紂王的哥哥微子啟的封地，周公旦平定武庚叛亂之後，將微子啟封在殷都附近的商丘，令他管理殷商遺民。

周公輔政

周武王滅商以後，為了安撫和管理殷商遺民，封帝辛之子武庚為諸侯，同時，將武王的三個弟弟管叔、蔡叔和霍叔分封於朝歌周圍，共同監督武庚，即為「三監」。

周武王逝世後，其幼子姬誦即位，也就是周成王，成王當時只有十三歲，不能處理政事，因此由周武王的弟弟周公旦輔佐朝政，處理國事。這引起了管叔、蔡叔、霍叔等的不滿，他們擔心周公旦想謀篡王位，於是勾結武庚發動叛亂，史稱「三監之亂」。

周公旦率兵征討，三年以後，平定了武庚叛亂，並將周朝的勢力擴展到了東海。

此後，周公旦全力輔佐周成王，大規模分封姬姓諸侯，鞏固周王朝的統治，並營建了洛邑（今河南洛陽）作為周朝的東都，周公

且還制禮作樂，建立典章制度，提出「敬德保民」的思想，其言論見於《尚書》。

周公旦攝政七年後，國泰民安，天下大局已定。於是周公旦信守諾言，還政於周成王，自己留守成周，與留在宗周的召公形成「分陝而治」的局面，自陝（今河南陝縣）以東的疆域都歸周公治理，陝以西的地方則召公治理。

周公死後，成王將他葬於畢，與文王之墓相並，以表示自己不敢以周公為臣下。

井田制的出現

井田制是中國古代社會的土地國有制度，商朝時即出現，主要存在於西周時期。

所謂「普天之下，莫非王土；率土之濱，莫非王臣」，西周的土地和人民都由周王以天下大宗的身分分封給各個諸侯，諸侯又把自己封地上的土地和人民分封給卿大夫與士。土地屬於國家所有，不允許買賣。

周王室以邑社為單位，由各級貴族將土地分配給農戶耕種，其收穫歸農戶所有，農戶只有使用的權利，而沒有所有權，這部分土地稱為「私田」。而大部分土地則歸貴族所有，稱為「公田」，農戶集體在公田上耕作生產，並向國家交納貢賦。因為當時的小路和管道縱橫交錯，把公田分隔成了一個個方塊，形狀像「井」字，因此稱做「井田」。井田制是商周時期占主導地位的一種土地制度，其性質是一種奴隸制下的土地剝削制度。

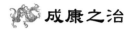 ## 成康之治

「成康之治」是指周成王、周康王相繼在位的四五十年間所形成的安定強盛的政治局面。武王去世後，年幼的兒子姬誦即位，為周成王。武王的弟弟周公旦輔佐成王平定叛亂，建立東都，並制禮作樂，分封諸侯，使周朝走上了安定發展的局面。

周公旦功成隱退，成王親政以後勤於政事，他在位期間國家安定，政治清明，人民安居樂業。姬誦病死以後，康王姬釗即位。召公、畢公率領諸侯，陪姬釗來到祖廟，把文王、武王創業的艱辛告訴康王，告誡他要節儉寡欲，勤於政事，守住祖先的基業。姬釗在位期間克勤克儉，勤政愛民，同時他還不斷攻伐鬼方和東南各部族，將獲得的土地和奴隸分給諸侯。此時的周朝國力昌盛，社會安定，四海賓服，是周朝歷史上最繁榮的時期。史稱天下安寧，刑具四十餘年不曾動用，因此有「成康之治」的美譽。

周昭王征楚

楚部落的始祖鬻熊在九十歲時率部族投靠周文王，到成王的時候周朝開始分封異姓諸侯，鬻熊的曾孫熊繹被封於楚地，以丹陽為國都。楚國在當時不過是方圓五十里的彈丸之地，到周昭王時已經不斷壯大，疆域廣闊，引起了周王朝的不滿。

周昭王是周康王之子，周成王之孫。周昭王即位後，欲擴大周朝疆域，延續成康之治的繁榮局面，於是在公元前九八五年大舉興兵征伐「不服周」的楚國，勝利而返。公元前九八二年，周昭王再次率六師征討楚國，遭到楚人的強烈抵抗，損失慘重。昭王末年（約公元前九七七年），周昭王第三次攻打楚國，周朝軍隊全軍覆

沒，昭王也在回師漢水時溺水而死。

昭王南征的失敗是周朝由盛而衰的轉捩點，此後楚國雄踞南方，日益強大，成為後來的春秋五霸之一。

國人暴動

周厲王是周朝的第十位君主，他在位期間，貪財好利，橫徵暴斂。

周厲王聽取了卿士榮夷公的計策，規定對山林川澤實行國營壟斷的「專利」政策，不准平民進入山林川澤謀生，引起國人不滿。厲王又命衛佞臣衛巫監視國人，禁止平民談論國事，違者戮殺。許多人被抓來殺害，就連一些不曾表示對「專利」不滿的人也都被誣陷而遭殺害。於是國人見面的時候，都不敢多說一句話，只能「道路以目」。

大臣召公勸戒厲王說：「防民之口甚於防川。」意思是說，堵住人民的嘴，就像堵住了一條河，河水一旦決堤，勢必造成滅頂之災，而人民的嘴被堵住了，帶來的危害遠甚於河水。可厲王不聽忠臣的勸誡，一意孤行。終於在公元前八四一年，鎬京的國人們忍無可忍，他們自發地集結起來，手持木棍、農具等攻入王宮。周厲王見大勢已去，倉皇逃竄，躲到了遠離都城的彘（今山西霍縣）。此時，朝廷無主，朝政暫時由周定公、召穆公共同執掌，史稱「周召共和」或「共和行政」。

國人是西周、春秋時期對居住在都城裡的人的統稱，是相對居住於城外的「野人」而言的。國人暴動體現了西周王朝的不斷衰微，也加速了它的分崩離析。

🐉 宣王中興

　　周宣王姓姬，名靜，是周厲王的兒子。公元前八四一年國人暴動，周厲王逃亡到彘，召穆公將太子靜藏在自己家中，以自己的兒子代替他，才救出了太子。

　　公元前八二八年，厲王死於彘後，大臣們擁立靜登基為王。宣王即位後，重用賢臣，整頓朝政，使原本已衰弱的周朝又恢復了國力。在位期間，周宣王多次成功地討伐了侵擾周朝的戎、狄和淮夷等部族，並派兵征伐南方的楚國。

　　不過，宣王中興為時短暫，似乎是周王朝滅亡之前的迴光返照。宣王連年征戰，雖然使西周的疆域得以擴充，但是耗費了大量人力、物力，周宣王晚年，周王朝又呈現出衰敗的景象。

🐉 烽火戲諸侯

　　周幽王是西周最後一位君主，是周宣王的兒子，公元前七八一年即位。幽王在位時貪圖享樂，不理朝政，他得到了一位非常寵愛的妃子褒姒，褒姒雖然美豔無比，卻冷若冰霜，幾年來從來沒有笑過，總是皺著眉頭。

　　周幽王為了博得美人一笑，竟然聽信奸臣虢石父的計策，將二十多座邊關告急用的烽火臺點燃，於是，各地諸侯得到信號紛紛集結兵力，長途跋涉前來救駕。可他們趕到之後，卻發現並非西戎來犯，只是幽王開的一個玩笑，而幽王和褒姒正在高臺上飲酒作樂，把酒笙歌。於是諸侯們氣惱至極，連夜退回。褒姒看著各路大軍來來回回，十分狼狽，終於笑了起來。

　　之後，周幽王聽信褒姒的讒言，廢黜了王后申氏和太子宜臼，

改立褒姒為后，立褒姒的兒子伯服為太子，還下令廢去申后父親申侯的爵位，並打算征伐他。申侯得知這個消息之後，不甘心束手就擒，於是聯合西北的犬戎於公元前七七一年進攻鎬京。

周幽王聽到犬戎進攻的消息後，急忙命令點燃烽火，召集各地諸侯來救，可諸侯們早已受夠了幽王的愚弄，當「狼」真的來了時，卻再也不肯理會。而周幽王昏庸無道，鎬京守兵也不願為其效力，稍作抵抗之後便投降了。幽王和褒姒、伯服等人帶著珍寶倉皇逃至驪山，後被犬戎殺死，褒姒被俘。鎬京城被攻破，西周自此滅亡。

《周易》的形成

《周易》是一部用來卜筮的書籍。在商代晚期的甲骨、銅器和陶器上面就有以數位記載爻的易卦。至於《周易》的起源，傳說是伏羲畫八卦，周文王被囚禁在羑里的時候將八卦推衍為六十四卦，後來周公旦又做過補充，成書於周代。

《周易》從漢代開始通稱為《易經》，被列入六經之一。

《周易》認為世界萬物是發展變化的，而其變化的基本要素是陰（－－）和陽（——），世界上萬事萬物的千變萬化都是陰陽相互作用的結果。正所謂：「一陰一陽之謂道。」八卦是以陰陽符號來反映客觀事物。其研究對象是天、地、人三才，而以人為根本。三才又各具陰陽，因此陰陽兩個基本符號三行一組，排列而成八卦，即乾、坤、震、巽、坎、離、艮、兌，分別象徵天、地、雷、風、水、火、山、澤。這樣抽象的陰陽概念便具體化為了八種自然事物，它們分別具有剛柔的性質。而八卦兩兩相重，又形成六十四卦，每一個卦中又有六爻，一共包括三百八十四爻，分別代表著各

種事物。

　　《易經》一書便是由八卦推衍為六十四卦的兆象符號（即卦圖）和六十四卦卦名、卦辭，以及三百八十四爻和爻辭所組成。古人根據這些符號來預測和解釋自然現象、決策國家大事、推測吉凶禍福。《周易》體現了中國古代辯證思想的萌芽，在中國哲學史上占有重要地位，其陰陽文化對後世影響深遠。

春秋（公元前七七〇年～公元前四七五年）

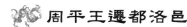

周平王遷都洛邑

　　周平王姓姬，名宜臼，是周幽王和第一個王后申后的兒子，被周幽王封為太子。之後周幽王被褒姒迷惑，廢黜了申后和太子宜臼，宜臼逃到了其外公所在的申國。

　　公元前七七一年，幽王被犬戎所殺後，宜臼的外公申侯等諸侯擁護宜臼即位，為周平王。戰後的鎬京殘敗不堪，一片蕭條，同時也為了躲避犬戎的偷襲，公元前七七〇年周平王將首都遷到了東都洛邑（今河南洛陽）。為了和西周區分，遷都以後的周王朝被稱為東周。

　　遷都以後的周王室日益衰微，周平王依仗晉、鄭、秦等諸侯的力量，勉強支撐殘局。此時，中原大地分崩離析，周天子失去了天下共主的地位，諸侯各國之間的兼併戰越來越激烈，中國歷史進入了群雄爭霸的春秋和戰國時期。

鄭伯克段於鄢

　　鄭武公的夫人武姜婚後生了兩個兒子：鄭莊公和叔段。因為莊公出生時難產，使武姜受盡了折磨，所以武姜很討厭他，給他取名

叫寤生。

武姜很喜歡叔段，多次勸鄭武公立叔段為世子，鄭武公沒有答應，之後武姜又多次勸說武公廢掉寤生，都被武公拒絕。公元前七四三年，武公死後，寤生即位為莊公，武姜為叔段請求封地，於是莊公將叔段封在京（今河南滎陽東南）。

叔段在武姜的支持下，私自擴張勢力，妄圖與武姜裡應外合，奪取政權。公元前七二二年，莊公率兵討伐叔段，在鄢大敗叔段。叔段逃到共國居住，因此被後人稱為共叔段。

據說莊公把武姜放逐到城潁（今河南臨潁西北），並發誓母子二人不到黃泉不相見。一年之後，莊公有些後悔這樣做，但又不願違背誓言。於是潁考叔獻上一計，在地下挖了一條隧道，見到地下泉水，母子在隧道見面，言歸於好。

鄭莊公打敗叔段，為鄭國的爭霸之路掃除了障礙。

周鄭交質

鄭國因護送周平王遷都洛邑有功，受賞了大片土地，鄭武公和鄭莊公先後被任命為周王朝的卿士，周鄭關係一直比較密切。但是，鄭莊公即位後，走上了一條遠交近攻的擴張之路，鄭國勢力日益強大。

周平王為了削弱鄭國的勢力，打算任命虢公忌父為右卿士，鄭莊公為左卿士，將一些事情交給虢公分管。鄭莊公因此而怨恨周平王，雙方產生了矛盾，而周平王畏懼鄭莊公的勢力，只好矢口否認此事。但鄭莊公不信，於是為了表示信任，周、鄭之間互派人質，各自把自己的兒子作為人質交給對方。

周鄭交質是周天子實力受到挑戰的象徵，此後諸侯各國紛紛僭

越周禮，擴充勢力，所以說周鄭交質是春秋亂世的開端。

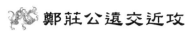鄭莊公遠交近攻

　　周桓王即位後，鄭莊公先後兩次派兵強割周王室溫地（今河南溫縣）、成周（今河南洛陽東）的莊稼示威。周桓王十分惱火，任命虢公為周室右卿士，以分莊公之權，之後莊公勵精圖治，開疆擴土，不斷擴充勢力。

　　公元前七○七年，周桓王統率周軍及陳、蔡、虢、衛四國部隊討伐鄭國，史稱繻葛之戰。結果周師大敗，周桓王被鄭國將領一箭射中肩膀。繻葛之戰，使周天子威信掃地，鄭莊公聲威大振，宋、衛、陳等宿敵都來求和，鄭國成為當時中原最強盛的諸侯國。

　　前七○一年，鄭莊公與齊、衛、宋等大國諸侯結盟，儼然已是諸侯霸主。

楚國稱王

　　楚武王名熊通，是熊儀之孫，楚霄敖的次子，楚蚡冒之弟。公元前七四○年，蚡冒死後，熊通殺死侄子，自立為國君。

　　楚國原本是周成王時期分封的異姓小國，經過幾百年的發展，到熊通時，已經成為楚地千里的南方大國。熊通雷厲風行，聲名顯赫，是一個鐵腕式的人物，他即位後以鬬伯比為令尹，國力日增。又與鄧國和親，娶鄧侯之女鄧曼為妻。

　　熊通即位不足三年就揮師渡漢，攻打周朝設在漢北的重鎮，並相繼攻打楚國周邊的小國。

　　他認為楚國子爵的爵位太低，與自己的大國地位不相稱，因此想讓周桓王提高自己的爵位，無奈人微言輕，周桓王怎會聽他的

話。於是楚武王決定攻打與周王室同姓的諸侯國──隨國，以體現自己的地位，之後又迫使在當時有一定地位的隨侯向周天子進言，建議加封楚國的爵位，周桓王斷然拒絕。

熊通聞訊大怒，號稱：「王不加我，我自尊耳！」當即自立為楚武王，開了諸侯僭號稱王之先河。當時諸侯爭霸，周室衰微，周桓王對此也無可奈何。

管仲拜相

公元前六七四年，齊僖公駕崩，留下三個兒子，世子諸兒、公子糾和小白。世子諸兒順理成章地即位為齊襄公，但他人格低劣，難堪大任，而且還和自己的妹妹文姜有私情。文姜後來嫁給了魯桓公，在一次魯桓公和文姜回娘家的時候，齊桓公與文姜密謀殺死了魯桓公。

原本為莫逆之交的管仲和鮑叔牙分別是公子糾和小白的老師，此時他們預感到齊國將會大亂，於是各自帶著自己的主子逃亡在外，以靜觀其變。

公元前六八六年，齊襄公的叔伯兄弟公孫無知殺死齊襄公，自立為王。一年以後，公孫無知又被齊國貴族殺死。一時之間，齊國無君，於是公子糾和小白搶著趕回齊國繼承王位。為主心切，管仲帶兵在路上攔截公子小白，一箭射中了小白的衣帶鉤，小白急中生智倒地裝死，騙過了管仲。之後和老師鮑叔牙連夜趕路，回到齊國繼承了王位，是為齊桓公。

齊桓公即位後欲拜鮑叔牙為相，鮑叔牙卻推薦了管仲。他說：「如果君上只想治理齊國，那有鮑叔牙就夠了；但是要想成就霸業，非管仲不可。」於是齊桓公不計前嫌，拜管仲為相。之後管仲

進行了一系列的改革，使齊國不斷強大，為稱霸奠定了基礎。

齊魯長勺之戰

公元前六八四年春，剛剛即位一年的齊桓公不聽從管仲內修政治、伺機而動的建議，執意發兵攻打魯國。魯莊公決心抵抗，深具謀略的魯國人曹劌自告奮勇隨莊公出戰，他勸莊公只有忠信愛民，才能跟齊國一戰。

魯軍根據齊強魯弱的形勢，在長勺（今山東萊蕪東北）迎擊齊軍。曹劌令魯軍保持陣型，按兵不動，齊軍一而再、再而三地發起攻擊，均未取勝。最後齊軍疲憊，士氣低落，魯軍則陣型穩固，士氣高昂。此時曹劌才下令魯軍攻擊，魯軍將士一鼓作氣，擊潰齊軍。曹劌見齊軍車轍混亂，旌旗不穩，於是乘勝追擊，將齊軍逐出魯境，逼近齊國國都。

魯莊公詢問曹劌為何能取勝，曹劌說：「夫戰，勇氣也，一鼓作氣，再而衰，三而竭，彼竭我盈，故克之。夫大國，難測也，懼有伏焉。吾視其轍亂，望其旗靡，故逐之。」

此戰是中國歷史上後發制人、以弱勝強的著名戰役。

齊桓公伐楚

春秋初年，楚國日益強大起來，疆域不斷擴大，楚成王屢次發兵中原，它先後滅掉了申、息、鄧等國，並伐黃服蔡，多次向鄭國進攻。鄭國支撐不住，已準備背齊向楚。

齊桓公於公元前六五六年，率領魯、宋、曹、衛、陳、鄭、許八國軍隊進攻楚國的盟國蔡國，蔡軍不戰而潰。八國軍隊逼近楚國邊境，兩軍對峙，都不敢輕舉妄動。

　　楚國見齊的盟軍強大，於是派大夫屈完與齊桓公談判，謀求和解。管仲以周昭王南征不歸、楚國不向周天子進貢苞茅為由責問楚國。楚國只承認不進貢之罪。

　　齊國見楚國軍隊強大，思忖不能用強力征楚，於是在召陵（今河南郾城東南）與楚國結盟，然後退兵，史稱「召陵之盟」。這是齊桓公「尊王」的又一次勝利，但也體現了楚國強大的實力。

齊桓公成就霸業

　　齊桓公即位以後，任用曾經的政敵管仲為相。管仲針砭時弊，進行了一系列有益的改革，根據土地好壞決定徵稅數額，提高了人民種田的意願，增加了國家稅收，又令士農工商者分別居住，職業世代相傳，防止了社會動盪。齊國國力大增，一躍而成為當時最大的諸侯國。

　　齊桓公打著「尊王攘夷」的旗號，聯合諸侯打敗了入侵中原的山戎、北狄，贏得了諸侯的擁護，威信大增。

　　公元前六五五年，周王室內訌，周惠王想廢掉太子鄭，立愛妃生的兒子王子帶為太子。齊桓公聯合諸侯保住了太子鄭的地位，之後又擁立太子鄭即位為周襄王，周襄王對此十分感激。以此為契機，公元前六五一年，齊桓公召集魯、鄭、宋、衛、曹、許等國諸侯在葵丘（今河南蘭考）會盟，周襄王派代表參加，會上訂立了共同遵守的盟約，約定「凡我同盟之人，既盟之後，言歸於好」。

　　葵丘會盟，齊桓公達到了號令諸侯，稱霸中原的目的，象徵著齊桓公的霸業達到頂峰。

 宋襄公會盟諸侯

　　宋襄公名茲甫，是宋桓公的次子，於公元前六五〇年繼位。

　　公元前六四三年，一代中原霸主齊桓公去世以後，齊國因爭奪王位而發生內亂，易牙等人廢掉齊桓公選定的繼承人公子昭，立公子無虧為君，公子昭逃到了宋國。

　　襄公想借此繼承齊桓公的霸業，於是聯合了曹、衛、邾三國軍隊，護送公子昭回國即位，是為齊孝公。宋襄公覺得自己有恩於齊，已經小有名氣，於是決定在盂地與齊、魯、楚等國會盟，自立為中原霸主，可是卻當場被同樣覬覦中原霸權的楚成王阻止。

　　楚成王命士兵將宋襄公抓了起來，並押著他攻打宋都商丘，連攻數月都未能得逞。宋襄公被放回國後，在公元前六三八年發兵討伐楚國的盟國鄭國。楚國帶兵援救，與宋軍戰於泓水。

　　宋襄公自詡「仁義之師」，拒絕在楚軍渡河時趁機攻擊，結果宋軍大敗，宋襄公受傷去世，霸主之夢就此破滅。

 晉文公稱霸諸侯

　　晉文公姬姓，名重耳，晉獻公之子。

　　晉獻公在位時實行集權政策，對內政通人和，對外武力征伐，曾滅掉耿、霍、魏、虞、虢等國，並戰勝驪戎、赤狄等族，疆域迅速擴大。但晉獻公晚年被驪姬迷惑，公元前六五六年，晉獻公殺掉世子申生，逼走公子重耳、夷吾，立驪姬的兒子奚齊為世子。

　　重耳在外流亡了十九年，相繼來到齊國、楚國、秦國等國家。公元前六三六年，秦穆公護送重耳回到晉國即位，稱晉文公。晉文公即位後重用趙衰、狐偃等忠臣，推行發展農商的經濟政策，使晉

國迅速振興起來。

同年，周王室發生了王子帶勾結狄族，趕跑周襄王的事件，晉文公抓住時機，以「尊王攘夷」為口號聯合諸侯，大敗王子帶，護送周襄王回洛邑，在諸侯各國樹立了威信。之後晉國又在城濮之戰中打敗楚軍，贏得了中原小國的歸附。

公元前六三二年，晉文公在踐土（今河南原陽縣西南）大會諸侯，周王應召赴會，晉國的霸主之位就此確立。

晉楚城濮之戰

公元前六三二年，楚國再次圍攻宋國，宋國向當時的中原霸主晉國求救。

晉文公想率兵攻打楚國，但因為戰線太長，於是決定先攻打楚國的盟國曹、衛二國，試圖以此解救宋都之圍。此時，齊、秦兩國的調停被楚國拒絕，於是齊、秦聯軍也加入了伐楚的隊伍。楚國將領子玉帶兵與晉軍決戰。

晉文公是一個非常有謀略的人，他見楚軍向曹都陶丘逼近，於是為了避開鋒芒，宣稱為報答在他流亡國外時楚王對他的款待，下令軍隊退避三舍（即九十里），以示禮讓。子玉帶兵一路追擊，雙方在城濮（今山東濮縣南）展開決戰，楚軍大敗。

「退避三舍」其實是晉文公的一著妙棋，他不僅借此和後方的齊、秦聯軍會合，而且在輿論上獲得了主動性，所謂「君退臣犯，曲在彼矣」。

城濮之戰鞏固了晉國的霸主地位。

秦晉崤之戰

秦穆公繼位以後，秦國不斷強大，欲向中原地區擴展，建立霸權，只是晉國太過強大，所以一直沒有行動。

公元前六二八年，晉文公病死，晉襄公即位。秦穆公得知晉、鄭兩國國君新喪，不聽大臣勸阻，決定趁機越過晉國，偷襲鄭國。

秦國將領孟明視率軍穿越崤山隘道，偷越晉國南境，於第二年二月到達晉的盟國滑（今河南偃師）。在此遇到鄭國商人弦高。

弦高正要赴周王室境內販牛，他斷定秦軍必是要去襲鄭，於是急中生智，一面假裝鄭國使者，將自己的牛宰了犒勞秦師，一面派人回國報信。孟明視等見弦高犒師，以為鄭國早有準備，遂不再前進，滅滑而還。

而晉襄公得知秦師返回，即命先軫率軍祕密趕至崤山，與當地姜戎一起埋伏於崤山隘道兩側，伏擊秦軍。崤山地勢險要，山高澗深，只有一條隘道可以通過。晉軍待秦軍全部進入設伏地域後，突然發起猛攻，全殲秦軍。

崤之戰使晉國維護了其中原霸主的地位。

秦穆公稱霸西戎

秦國地處西方，周初為附庸小國，春秋初年因秦襄公助平王東遷才被封為諸侯，並受賞岐山以西之地，從此建立了秦國，並定都於雍（今陝西鳳翔）。

在群雄並起的春秋時代，秦國明顯落後於中原各國，直到秦穆公時，他在百里奚、蹇叔等賢臣的輔佐下，整頓內政，獎勵生產，國勢日益強盛，領土也不斷擴大。

秦穆公試圖向東擴展，受到當時的霸主晉國的阻礙，多有失利，公元前六二七年，又在崤之戰中敗給晉軍。於是秦穆公轉而向西擴張，出兵攻打蜀國和其他函谷關以西的國家，先後兼併了十幾個國家，開疆拓土上千里。因而周襄王任命他為西方諸侯之伯，遂稱霸西戎。

秦穆公對古代西部民族的融合作出了一定的貢獻。

 ## 楚國問鼎中原

楚莊王是楚穆王之子，公元前六一三年即位，春秋五霸之一。他在位期間非常重視選擇人才，先後得到伍舉、孫叔敖等著名的文臣武將的輔佐。楚莊王即位後，迅速平定了貴族暴亂，努力發展民生，改革軍事，並先後征伐庸、麇、宋、舒、陳、鄭，國勢日強，為取得霸業奠定了基礎。

公元前六〇六年，楚莊王伐陸渾（今河南嵩縣北）之戎，一直打到洛水邊，在周都洛陽陳兵示威。周王派王孫滿去慰勞，楚莊王借機詢問九鼎（夏、商、周傳國之寶）的大小輕重。王孫滿看出了楚莊王欲取周而代之的野心，於是回答說：「周天子統治天下，靠的是德，而不是鼎。政德清明，鼎小也重；國君無道，鼎大也輕。」

公元前五九七年，楚國攻打鄭國，晉國出兵相救，雙方大戰於邲，晉國大敗而歸。公元前五九四年，楚國再次攻宋，此時晉國已不敢出兵相救了。

中原各國紛紛背晉向楚，楚莊王成為新一代的中原霸主。

井田制的日益瓦解

春秋時期鐵器和農耕的使用，提高了農業生產效率，促進農

業生產的發展。於是一些貴族為了增加種地收益，迫使奴隸們為他們開墾荒地，作為私田；另外也有一些平民和奴隸去開墾荒地，以作為自己的私田。

因為私田不在井田的範圍之內，不需要交納貢稅，於是，人們越來越積極墾荒，就這樣，私田的面積越來越大，而公田卻受到一定程度的冷落，出現了雜草叢生的荒涼景象。

到了春秋中後期，許多貴族為了擴大自己的利益，甚至將公田也劃到私田的範圍之內，私田與公田的界限日益被打破。他們互相爭奪，不斷蠶食公田，有的諸侯甚至會和周天子爭奪公田，周天子喪失了對土地的最高支配權。

到春秋後期，土地買賣、抵押的現象不斷出現，這說明土地私有化已經成為事實，作為奴隸社會經濟基礎的井田制日益瓦解。

魯國實行「初稅畝」

「初稅畝」是指公元前五九四年魯宣公所實行的按畝徵稅的田賦制度，最早承認了私有土地的合法化。

春秋時期，由於牛耕和鐵農具得以廣泛應用，農業生產力大大提高，大量的荒地被開墾後，隱藏在私人手中，成為私有財產。於是，為了適應新的土地所有關係，增加國家稅收，各個諸侯國紛紛推出了新的賦稅制度。

魯國之前實行按井田徵收田賦的制度，私田不需要向國家納稅，因此國家稅收占全部農業產量的比重不斷下降，實際上隨著井田制的日益瓦解，國家稅收也在減少。「初稅畝」中的「初」為開始的意思，「稅畝」就是按土地畝數對土地徵稅，即按田畝徵稅，不分公田、私田，凡占有土地者均按土地面積納稅，稅率為產量的

十分之一。

「初稅畝」的實行增加了國家財政收入，適應和促進了新生的封建土地所有關係，是一項具有開創性的稅收制度。

 老子創立道家

老子是春秋時期偉大的哲學家和思想家，是道家的創始人。老子曾在周朝國都洛邑任藏室史（相當於國家圖書館館長）。他博學多才，孔子周遊列國時曾到洛邑向老子問禮。傳說老子晚年乘青牛西去，在函谷關寫成了五千言的《道德經》（也稱《老子》）。其思想的精華是樸素的辯證法，認為一切事物均具有正反兩面，並能由對立而轉化，如「禍兮福之所倚，福兮禍之所伏」。

老子主張無為而治，其理想的政治境界是「鄰國相望，雞犬之聲相聞，民至老死不相往來」。老子以道解釋宇宙萬物的演變，「道生一，一生二，二生三，三生萬物」，道是客觀自然規律，「人法地，地法天，天法道，道法自然」。老子的學說對中國哲學的發展產生了深遠的影響。

弭兵運動

春秋中期，晉楚爭霸的局面持續了一百多年，雙方互有勝負，長期對抗，人民受盡了苦難，迫切需要一個和平的環境。尤其是一些小國，作為大國爭霸的棋子，每次都摻雜其中，受害更加慘重，普遍產生了厭戰情緒。再加上諸侯國貴族內部的權力鬥爭此起彼伏，國君無力對外擴張。

於是，公元前五七九年，由宋國大夫華元倡議，發起了以「弭兵」為口號的和平運動，晉楚兩國在宋國訂立了彼此不再使用武力

的盟約。

可惜三年以後，楚國背約，北侵鄭、衛兩國。公元前五四六年，宋大夫向戌再次宣導弭兵之盟，晉、楚、秦、齊、宋、魯、鄭等十四個國家會盟於宋，規定除齊、秦兩大國之外，原晉的屬國和楚的屬國，變成晉楚共同的附屬國。實際上這是以犧牲小國利益的辦法平分了晉楚的霸權。

弭兵運動的成功是宋國外交的巨大勝利。此後的四十多年，晉楚之間都沒有發生過大的戰爭，各國得以維持了暫時的和平。

孔子創立私學

孔子，名丘，字仲尼，春秋時期魯國人，是春秋末期著名的思想家和教育家，儒家的創始人。

孔子於公元前五五一年出生於魯國陬邑昌平鄉（今山東省曲阜市東南），他的父親叔梁紇在他三歲時就去世了，儘管少年時的生活十分艱苦，但他一直發奮好學，遍訪名師，虛心求教，終於成為了當時社會上最博學的人之一，據記載他曾「問禮於老聃，學鼓琴於師襄子，訪樂於萇弘」。

從二十多歲起，孔子開始創立私學，廣收門徒，相傳他有弟子三千，賢人七十二。他首倡有教無類和因材施教的思想，打破了公學的壟斷地位，被後人尊為「萬世師表」及「至聖先師」。

孔子編撰了中國歷史上第一部編年體史書《春秋》，記載了從魯隱公元年（公元前七二二年）到魯哀公十四年（公元前四八一年）的歷史。

孔子在五十六歲時離開魯國，率眾弟子周遊列國，輾轉於衛、曹、宋、鄭、陳、蔡、葉、楚等地，然而當時各國爭霸頻繁，孔子

的仁政思想難以實施，因此均未被重用。輾轉十四年之後，孔子回到魯國繼續講學。

他的言行思想主要載於《論語》，多是他的弟子和後人根據他的言論、行為記錄下來的。孔子集華夏上古文化之大成，雖說他「述而不作」，但在世時已被譽為「千古聖人」。

吳國的崛起

據史書記載，周朝的古公亶父有太伯、仲雍和季歷三個兒子。季歷的兒子姬昌聰明異常，因此周太王想傳位元季歷，但根據當時傳統應傳位於長子，太王因此鬱鬱寡歡。太伯明白父親的意思後，就和二弟仲雍一起逃到荒涼的江南，建立了勾吳古國。

周朝建立後，周武王封太伯的第三世孫周章為侯，遂改國號為吳。

吳國的振興始於吳王壽夢，公元前五八五年，壽夢即位後將吳國的政治中心轉移到了太湖平原。壽夢很有雄心壯志，即位之初就有破楚服越爭霸中原的打算。當時，申公巫臣來到吳國，讓他的兒子教吳國人射箭駕車，壽夢自此開始了與中原的交流。經過數十年，吳國雄霸一方，成為擁有今江蘇、上海、浙江、安徽等地的泱泱大國，為以後的伐楚和稱霸奠定了基礎。

吳楚之戰

很難想像曾經的南方大國楚國會被偏居一隅的吳國攻陷，可歷史就是這麼陰錯陽差。

伍子胥原為楚國人，公元前五二二年，因遭楚太子少傅費無忌陷害，伍子胥的父、兄被楚平王所殺。伍子胥歷盡艱難，逃到吳

國，發誓要滅掉楚國，報仇雪恨。

伍子胥知吳國公子光有大志，於是助其刺殺吳王僚，登上王位，是為吳王闔閭。闔閭上臺後勵精圖治，改良吏治，重用伍子胥、孫武等人，大力發展農業生產，使吳國的政治、經濟和軍事力量逐步增強，成為東南第一強國。

公元前五○六年，吳王闔閭聯合蔡、唐之師伐楚，與楚軍大戰於柏舉（今湖北麻城）。當時楚國已經疲於爭霸，且貴族內部鬥爭激烈。柏舉一戰吳軍五戰五捷，大敗楚軍，僅用十天便攻入了楚國國都郢。

楚國威風掃地，楚昭王惶惶如喪家之犬，逃往隨國（今湖北隨州）。伍子胥找不到楚昭王，於是將楚平王的屍體從墓中挖出來，鞭打了三百次。

公元前五○四年，吳師再次伐楚，迫使楚國遷都於鄀（今湖北省宜城東南）。從此，吳國西面打敗楚國，北面威鎮齊、晉，南面降服越國，召集諸侯會盟於黃池，開始了短暫的霸主生涯。

勾踐臥薪嘗膽

越國是一個姒姓國家，相傳是夏禹的後代，以會稽（今蘇州吳中一帶）為都城。周王朝建立後，勾踐的先人被封在會稽守宗廟，因此建立越國。

春秋末年越國逐漸強大起來，經常與鄰近的吳國發生戰爭。公元前四九六年，越王勾踐即位。吳王趁越國新喪，發兵打越國，大敗而歸，闔閭也因受傷而死去。兩年後，吳王夫差攻破越都，勾踐被迫屈膝投降。

夫差不肯聽從伍子胥殺勾踐以絕後患的建議，執意將勾踐帶回

國作為奴僕使用，三年後放其回國。

勾踐回國後，為了時刻不忘會稽之恥，每天只睡在柴草上，又在屋裡掛了一枚苦膽，時不時嘗嘗苦膽的味道，休養生息，等待時機。勾踐重用范蠡、文種等賢人，經過十多年的努力，使越國漸漸恢復實力。

公元前四八二年，吳王夫差去參加諸侯會盟的黃池之會，僅留太子和老弱守國。勾踐遂帶兵乘虛而入，攻陷吳都，殺死吳國太子。夫差倉促而返，連戰不利終與越國議和。公元前四七三年，越軍再次大破吳國，吳王夫差被圍困在吳都西面的姑蘇山上，求降不許而自殺，吳國滅亡。

越王勾踐於此聲威大震，在徐（今山東滕縣）大會諸侯，成為春秋時期的最後一個霸主。

孫武作《孫子兵法》

孫武，字長卿，被後人尊稱為孫子、兵聖，春秋時期齊國人。

孫武年輕時勤奮學習，曾閱讀古代軍事典籍《軍政》，了解黃帝戰勝四帝的作戰經驗，以及古代名相伊尹、姜尚、管仲等的用兵策略。

約公元前五一七年，因齊國戰爭頻仍，孫武南下吳國，隱居在吳國都城姑蘇城郊外的穹窿山，並和因避難而來吳國的伍子胥成了莫逆之交。公元前五一二年，伍子胥將孫武引薦給吳王闔閭，孫武以《兵法》十三篇作為見面禮，即後來的《孫子兵法》。

孫武自此受任為將，領兵打仗，戰無不勝。曾與伍子胥率吳軍破楚，五戰五捷，攻入楚國郢都。

《孫子兵法》是對戰爭經驗的總結，揭示了一些具有普遍意義

的軍事規律，被譽為「兵學聖典」，對中國的軍事學發展影響深遠。它被譯成多種語言，被譽為世界三大兵書之一。

高山流水遇知音

伯牙是春秋時期的晉國大夫，著名的琴師，擅彈古琴，技藝高超，又是作曲家，被人尊為「琴仙」。

伯牙與子期的知音故事聞名於世。據說有一次，伯牙奉晉王之命出使楚國。他乘舟來到漢陽江口，命童僕取琴焚香，調弦轉軫，一曲未終弦斷之，疑有人聽琴，左右觀之，看到一個樵夫子期，二人登舟促膝相談。伯牙彈琴時想表現高山，子期便說「巍巍兮若高山」；伯牙想表現流水，子期又說「洋洋乎若流水」。伯牙很驚喜，二人意合知音，遂結為兄弟，約定來年江邊再相見。

第二年，當伯牙按期來到江邊時，子期已病故。伯牙聞知，淚如湧泉，去子期墳前祭拜，彈罷一曲《高山流水》後，割斷琴弦，雙手舉琴向祭石臺上摔去。

伯牙和子期的故事千古傳唱，「知音」一詞也由此而來，現在的琴曲《高山》、《流水》和《水仙操》傳說都是伯牙的作品。

《詩經》的出現

《詩經》是中國第一部詩歌總集，大約成書於公元前六世紀中葉，後經孔子整理而流傳，收錄了自西周初年至春秋中葉五百多年的詩歌。

《詩經》共有三〇五篇，因此又稱《詩三百》，西漢時被尊為儒家經典，始稱《詩經》，並沿用至今。

《詩經》分風、雅、頌三部分：風即《國風》，一六〇篇，收集

了十五個國家和地區的優秀民歌，為全書的精華；雅有一〇五篇，分大雅和小雅，是貴族舉行宴會的時候唱的詩歌；頌有四十篇，是貴族祭祀宗廟的樂歌。

《詩經》從不同角度反映了周朝時期奴隸社會從鼎盛走向衰落的歷史面貌，深刻揭示了當時社會的基本矛盾，其不僅是文學作品，而且對研究和認識中國古代社會有很高的史料價值。

魯班發明工具

魯班，姓公輸，名般，魯國人，「般」和「班」在古時通用，故人們常稱他為魯班。魯班大約生於公元前五〇七年，生活在春秋末期到戰國初期，他出生於工匠家庭，從小就跟隨家裡人參與土木建築的工程，積累了豐富的實踐經驗，掌握了技術。

大約在公元前四五〇年以後，他從魯國來到楚國，幫助楚國製造兵器。他曾創製雲梯，準備攻宋國，但被墨子制止。墨子主張製造實用的生產工具，反對為戰爭製造武器，魯班接受了這種思想。

魯班在建築、機械等方面作出了很大的貢獻，他注重實踐，善於動腦，很注意對客觀事物的觀察研究，從中得到啟發，發明很多工具。傳說他根據草葉的形狀發明了鋸子，通過觀察小鳥的飛行發明了飛鵲。他還製作出攻城用的雲梯、舟戰用的「鉤強」、木馬車，發明了曲尺、墨斗、鉋子、鑿子等各種木匠工具，還發明磨、碾、鎖等。

建築工匠把他尊為「祖師」。

戰國（公元前四七五年～公元前二二一年）

 ## 新興地主階級的出現

　　春秋中後期，隨著生產力的發展和私有土地的出現，奴隸制度成為束縛生產力發展的桎梏。

　　貴族和奴隸、平民之間的矛盾日益激烈，奴隸逃亡、「國人暴動」等事件接二連三地發生，有力地衝擊了貴族的統治。同時，貴族之間爭權奪利的現象更加嚴重，階級矛盾和貴族內部矛盾的雙重打擊，促使了奴隸制度的崩潰，貴族的勢力不斷衰落。

　　與此同時，一些從統治集團中分化出來的、代表新興地主利益的卿大夫「私門」，他們有著自己的私田和軍隊，他們世襲職位，勢力不斷壯大，私肥於公的現象日益普遍。卿大夫在諸侯國中執掌著征伐、會盟等國家大事，有時候，諸侯甚至還要仰仗卿大夫的勢力來維護統治，成為傀儡諸侯。在這樣的情況下，一場新興地主階級向貴族階級奪權的鬥爭開始展開。「三家分晉」就是這樣的例子。

百家爭鳴

　　百家爭鳴是指春秋戰國時期，各國知識分子中不同學派的湧現及各學派爭奇鬥豔的局面。

　　春秋戰國時期，諸侯林立，新興的地主階級不斷壯大，社會正處於從奴隸制到封建制的大變革時期，新舊階級之間，各階級、階層之間的鬥爭複雜而又激烈。他們面對現實社會中的劇烈變革，都企圖按照本階級、階層或本集團的利益和要求，對宇宙和社會萬物作出解釋、提出主張。於是他們著書立說，廣收門徒，高談闊論，互相辯難，出現了一個思想領域裡百家爭鳴的繁榮局面，史稱「諸子百家」。

　　當時主要的學派有儒、墨、道、法、名、陰陽和兵家等學派。「百家爭鳴」反映了當時社會激烈和複雜的政治鬥爭，主要是新興地主階級和沒落的貴族之間的鬥爭。這個時期的文化思想，奠定了整個封建時代文化的基礎，對中國古代文化有著非常深刻的影響。

三家分晉

　　三家分晉是指春秋末年，晉國被韓、趙、魏三家瓜分，分別建立韓國、趙國、魏國的事件。春秋末年，經過長期的爭霸戰爭，許多小諸侯國被大國併吞，有的國家內部發生變革，勢力不斷增大的卿大夫日益掌握政權。

　　此時，一向為中原霸主的晉國，國君的權力也開始衰落，實權由趙、魏、韓、范、智、中行氏六家卿大夫把持，稱為「六卿」。他們六家互相攻打，到後來只剩下智、趙、韓、魏四家，其中又以智家的勢力最大。後來在晉陽之戰中，韓、趙、魏三家聯合滅掉了智氏，瓜分了智家的土地。

　　公元前四三八年，晉哀公死後，晉幽公即位，韓、趙、魏瓜分了晉國的土地，只留絳城與曲沃兩地給晉幽公，從此韓、趙、魏稱

為三晉。

公元前四〇三年，在韓、趙、魏三國的要求下，周威烈王冊命韓、趙、魏三家為侯國。公元前三七六年，韓、趙、魏三國又瓜分晉國餘土，廢晉靜公。至此，晉國完全為韓、趙、魏三家所取代。「三晉大地」的說法就是由此而來的。

魏國李悝變法

李悝是法家的鼻祖，子夏的學生。

魏國國君魏文侯即位後，任用李悝為相，推行變法。李悝變法是戰國時期最早的一次變法，其主要內容有：第一，廢除舊的世卿世祿制，提出「選賢任能，賞罰分明」的國策，大大削弱了舊貴族的特權，為新興地主參政開闢了道路；第二，編制了中國歷史上第一部成文的法典──《法經》，有利於維護社會穩定；第三，提出了「盡地力」的農業政策，鼓勵自由開墾土地，提倡農戶在土地上雜種各種作物，在住宅周圍栽樹種桑，擴大農業副生產；第四，實行「平糴法」，政府在豐年的時候以平價收購餘糧，使糧價不會暴跌，荒年時再以平價出售，使糧價不至於暴漲──從而限制了商人的投機活動，保護了農民的利益。

李悝變法有效地打擊了舊制度，順應了時代需求和地主階級的利益，之後魏國經濟迅速發展，政權不斷鞏固，國力日益強大，成為戰國初期最強盛的國家。

墨家學說的創立

在春秋戰國時期的諸子百家中，墨子的思想流傳很廣，是很有影響力的一派，與當時的儒家並稱「顯學」。

墨子名翟，是戰國初期的魯國人，他當過工匠，精通手工技藝，可與當時的巧匠公輸班（魯班）相比。他生活儉樸，反對鋪張浪費，自稱是「鄙人」，被稱為布衣之士。

墨子思想的中心是「兼愛」、「非攻」，他認為當時社會上恃強凌弱的現象十分嚴重，其根源是人們「不相愛」、「交相惡」，因此人們應該互相愛護，互相幫助，這反映了當時一般民眾的願望。

墨子反對一切國與國、家與家之間的互相攻伐和殘殺，主張「非攻」。墨子還提出了尚賢的思想，認為應當任用賢能的人來治理國家。在人生觀方面他還提出「非命」，認為貧賤富貴不是命中註定的。

墨子一生的活動主要在兩方面：一是廣收弟子，積極宣傳墨家學派的學說；二是不遺餘力地反對兼併和戰爭。

「三桓」之亂

「三桓」是春秋時魯大夫孟孫氏、叔孫氏、季孫氏三家的合稱，他們分別是魯桓公的兒子慶父、叔牙、季友的後裔，是魯國新興地主階級的代表。

魯國自宣公以後，政權便操縱在以季孫氏為首的「三桓」貴族手中。由於君權日漸削弱，魯國國內貴族紛爭激烈。

公元前六〇九年，魯文公死後，魯國發生了殺嫡立庶的權位之爭，「三桓」乘機發展勢力，充實私家武裝，各自在封邑築城，於是魯國出現了「公室卑，三桓強」的局面。

公元前五六二年，「三桓」作三軍，將魯國的土地和人口分做三份，各得其一。

三家都在各自統轄的範圍內進行變革，季孫氏的變革比較徹

底，力量也最強。公元前五三七年，三家進一步變三軍為二軍，實行「四分公室」，季孫氏獨掌一軍，獨得二份，叔孫、孟孫合掌一軍，各取一份。公元前五一七年，魯昭公進攻季孫氏的據點費城，三家組織反擊，打敗了魯昭公和後來的魯哀公。雖然魯君還保持著名義上的國君地位，但以季孫氏為首的新興地主階級實際上掌握了魯國的政權。

楚國吳起改革

吳起，衛國人，是著名的政治家和軍事家。他仕魏多年，曾經協助李悝實行變法。魏文侯死後，吳起受到魏武侯的猜忌，逃至楚國，此時的楚國政治黑暗，階級矛盾嚴重，北面和西北面一再受到魏、韓、秦等國的侵伐。

公元前三八七年，吳起受到楚悼王的器重，被任命為令尹，實行變法。其主要內容有：削弱舊的「世卿世祿」制度，規定繼承三代以上的貴族收回爵祿，並命貴族到偏遠的地方去墾荒；精簡國家機構，任用有能力的人擔任重要職務；創建強大的軍隊等等。

吳起變法從經濟和政治上打擊了舊貴族的勢力，使楚國達到了富國強兵的目的，之後楚國「南收揚越，北併陳、蔡，卻三晉，西伐秦，諸侯患楚之強」。

可是，吳起改革嚴重損害了貴族的利益，遭到了楚國貴族保守派的反對，雙方衝突激烈。公元前三八一年，楚悼王剛死，保守派立即發動政變，殺死了吳起，吳起的改革幾乎全被廢除。

田氏代齊

田氏代齊是指戰國初年齊國卿大夫田氏家族取代姜姓成為齊侯

的事件。

春秋初年，陳國公族內亂，公子完為避禍逃至齊國。齊桓公欲封公子完為卿，公子完不受，於是封為工正。公子完即為齊國田氏之祖（陳與田古音相近，入齊後，陳完改名田完）。

公元前五四五年，田完的四世孫田桓子與鮑氏、欒氏、高氏合力消滅當國的慶氏。之後田氏、鮑氏又滅掉欒、高二氏。田桓子對沒有俸祿的齊國公族「私分之邑」，對貧窮的百姓「私與之粟」，取得了公族與國人的支持。齊景公時，公室日益腐朽沒落，田桓子之子田乞向百姓大斗借出、小斗收進糧食，使齊民「歸之如流水」。

公元前四八九年，齊景公死後，田乞發動政變，打敗了當時權勢很大的國、高二氏，擁立齊悼公，自立為相，從此掌握了齊國國政。

公元前四八一年，田乞之子田恆殺齊簡公，另立齊平公，進一步把持了政權。公元前三九一年，田常的曾孫田和廢齊康公，並將其放逐到海上，自立為國君。前三八六年，周安王正式冊命田和為齊侯，田氏齊國完全取代了姜姓齊國。

孟子發展儒家學說

孟子，名軻，字子輿，魯國鄒（今山東鄒縣）人，畢生以教書為業。孟子三歲喪父，孟母艱辛地將他撫養成人，孟母十分重視對兒子的教育，對孟子管束甚嚴，「孟母三遷」、「孟母斷織」等故事成為千古美談。

孟子是戰國時期儒家思想的代表人物，曾仿效孔子，帶領門徒遊說各國，但不被當時各國君王所接受，於是退隱與弟子一起著書。

　　《孟子》一書由孟子及其弟子共同編寫而成，記錄了孟子的語言、政治觀點、行為等。孟子的思想是建立在性善論的基礎上的，他主張實行仁政，提出了「民為貴，社稷次之，君為輕」的重民觀點，他認為得民心的人才能成為天子，所謂「得道者多助，失道者寡助」。他主張「王道」，反對「霸道」，認為以德服人才能讓人心悅誠服。

　　孟子發揚了孔子的思想，對後世影響很大，因此人們將儒家學說稱為「孔孟之道」。南宋時朱熹將《孟子》與《論語》、《大學》、《中庸》合在一起稱「四書」。

齊國鄒忌改革

　　鄒忌，齊國人，田齊桓公時為齊國大臣，據說鄒忌不僅品德受到誇讚，而且還以相貌著稱。

　　公元前三五七年，齊威王繼位後立志改革，求賢若渴，鄒忌遂「以鼓琴見威王」，用鼓琴的節奏來說明「治國家而弭（安定）人民」的道理，很快得到齊威王的賞識，被任為相國，封於下邳（今江蘇邳縣西南），稱成侯。

　　之後齊威王就任用鄒忌主持改革。鄒忌實行了一系列法家的政策，主張選擇「君子」擔任官吏而防止「小人」混雜，主張修訂法律，監督官吏，嚴明賞罰，並選薦得力大臣堅守四境。鄒忌還鼓勵君王廣開言路，接受臣下意見，選拔人才，除去不稱職的奸吏，獎勵得力的將領和官吏。此外還推行了召民墾荒的政策。

　　經過一番改革之後，齊國在政治、經濟上都有了新的發展，國家日益強大。

商鞅變法

商鞅是衛國人，因此也叫衛鞅，因為在秦國變法有功，被封於商，號為商君，所以歷史上稱為商鞅。

秦國地處西陲，一直比較落後，而此時在井田制瓦解的背景下，其他國家相繼進行了變法運動。公元前三六一年秦孝公即位後，決心變法圖強，商鞅在此時來到秦國推行「強國之術」，深得秦孝公器重，於是公元前三五九年和公元前三五〇年，兩次任用商鞅主持變法。

商鞅變法的主要內容有：第一，取消世卿世祿制，建立軍功爵制，鼓勵宗室貴族建立軍功；第二，廢井田，開阡陌，澈底廢除奴隸社會的土地國有制度，承認土地私有，允許土地買賣；第三，推行縣制，把全國分為四十一個縣，設立縣令和縣丞，實行編戶制和連坐法，強化了中央集權和對人民的控制。此外還有重農抑商，獎勵軍耕，統一度量衡，加強法制，打擊儒家思想等一系列措施。

商鞅變法歷時二十多年，是一項深刻的社會革命，增強了秦國的經濟、政治、軍事實力，使秦國一躍而成為當時最強大的國家，為一統中國奠定了基礎。

但是商鞅變法打擊了舊貴族的勢力，公元前三三八年，秦孝公死後，舊貴族聯合起來進行瘋狂的報復，商鞅被車裂而死。

田忌賽馬

孫臏是兵聖孫武的後代。他曾拜鬼谷子為師，與魏國大將龐涓是同窗好友。

龐涓十分嫉妒孫臏的軍事才能，於是他做了魏國大將後，便以

引薦的名義將孫臏騙到魏國，後來又在魏王面前加以詆毀，使孫臏被施以臏刑（斷足之刑）。於是孫臏一直想逃脫魏國。

後來有齊國的使者來到魏國首都大梁，孫臏祕密拜見了他，齊國使者覺得此人不同凡響，就偷偷地用車把他載回齊國。齊國將軍田忌非常賞識孫臏，待如上賓。

田忌經常與齊國諸公子賽馬，設重金賭注。

孫臏發現他們的馬腳力約可分為上、中、下三等，於是對田忌說：「您只管下大賭注，我能讓您取勝。」田忌相信並答應了他，與齊王和諸公子用千金來賭勝。比賽即將開始時，孫臏對田忌說：「現在用您的下等馬對付他們的上等馬，拿您的上等馬對付他們的中等馬，拿您的中等馬對付他們的下等馬。」三場比賽完後，田忌一場輸而兩場勝，最終贏得了齊王的千金賭注。

於是，田忌把孫臏推薦給齊威王，得到了齊威王的重用。

圍魏救趙

魏國經過李悝變法之後，國勢不斷強大，魏惠王即位後，為了便於控制東方，將都城從安邑（山西夏縣）遷到大梁（開封），並修長城以防秦東進，國力更加強盛。而齊國經過鄒忌改革後，國勢日盛，於是和趙結成聯盟對抗魏國。

公元前三五四年，趙國進攻魏的屬國衛國，於是魏國派大將龐涓率八萬精兵進攻趙國，包圍了趙的國都邯鄲，趙軍苦戰不勝，於是向齊國求救。齊威王命田忌為大將，孫臏為軍師，領兵救趙。

孫臏終於得到一個在戰場上向龐涓復仇的機會。他一反常理，勸田忌放棄領兵直趨邯鄲與魏軍決戰，而是趁魏軍國內防備空虛之際，直搗魏都大梁。最後，魏惠王十萬火急地命令龐涓統兵回救大

082

梁，結果魏軍在桂陵（今河南長垣西南）遭到以逸待勞的齊軍伏擊，損失慘重，龐涓獨自逃回魏國。

桂陵之戰中，齊軍一舉兩得，既救了趙，又給了魏國沉重打擊，這就是「圍魏救趙」的著名戰例。

甘德、石申著《甘石星經》

春秋戰國時期，隨著經濟的發展，出現了很多天文學家和天文學著作。在長期觀測天象的基礎上，戰國時期的楚人（今屬湖北）甘德、魏人（今屬河南開封）石申各寫出了一部天文學著作。甘德的著作名為《天文星占》，石申的著作名為《天文》，都是八卷。後人把這兩部著作合併，並定名為《甘石星經》。

《甘石星經》是世界上第二早的天文學著作（僅次於巴比倫星表），不過它在宋代以後就失傳了，只能從唐代的天文學書籍《開元占經》等典籍中找到一些片斷摘錄。

在本書中，甘德和石申系統地記載了金、木、水、火、土五大行星的運行情況以及它們的出沒規律；提到了日食、月食是天體相互掩食所產生的現象；並記錄了八百個恆星的名字，其中測定了一百二十一顆恆星的方位。

後人把甘德和石申測定恆星的記錄稱為《甘石星表》，這是世界上第二早的恆星表，比希臘天文學之父喜帕恰斯在公元前二世紀測編的歐洲第一個恆星表還早約兩百年。

馬陵之戰

桂陵之戰後，魏國雖然元氣大傷，但不久又重新打敗了齊、宋、秦等國，公元前三四四年，魏惠王召集十二個諸侯在逢澤會

盟，魏國的霸業達到了頂點。

因為韓國沒有參加逢澤會盟，所以魏惠王於公元前三四二年發兵攻韓。韓向齊告急，齊國派田忌為主將，孫臏為軍師，率軍相救。

齊軍重施「圍魏救趙」的戰法，直驅魏都大梁。魏惠王只好將攻韓的部隊召回，以太子申和龐涓為將軍，率兵十萬迎擊齊軍，雙方大軍相持有一年之久。公元前三四一年，孫臏利用魏軍求勝心切的弱點，製造退兵減灶的假像，迷惑魏軍，誘敵深入。龐涓率兵連追三日後，誤以為齊軍膽怯，便丟下輜重和步兵，只領少數輕車銳騎日夜猛追。當魏軍追至地勢險隘的馬陵時，突然遭遇了齊軍伏擊，魏軍大敗，龐涓羞憤自殺，太子申被俘。

馬陵之戰後，魏國一蹶不振。而孫臏最終戰勝了龐涓，名揚天下。齊國也聲威鵲起，成為新一代的中原霸主。

魏、齊徐州相王

馬陵之戰後，魏國一國獨大的大國地位喪失，而此時漸漸強大起來的秦國乘機向魏國進攻，占領了具有重要戰略意義的河西之地。

魏國迭遭慘敗後大傷元氣，面對咄咄逼人的秦國，不得不轉而對中原各國採取聯合和結盟的友好政策，而山（崤山）東諸國也懼怕強秦東來，遂接受了魏國的善意。公元前三三四年，魏惠王率領韓國和一些小國到徐州（今山東滕縣）朝見齊威王，尊齊威王為王，齊威王不敢獨自稱王，於是也承認魏的王號。

魏惠王、齊威王訂立了同盟條約，相互尊對方為王，史稱「徐州相王」。自此之後，各國國君紛紛僭號稱王，周天子完全喪失了權威。

084

🐉 趙武靈王胡服騎射

趙國早在趙烈侯在位時，就任用公仲連為相進行改革，在用人上選舉賢能，在財政上節財儉用，使政權逐漸鞏固。

公元前三〇七年，為了富國強兵，對付北方經常南侵的遊牧民族，趙武靈王又實行了「胡服騎射」的軍事改革。他命令軍隊穿胡人的服裝，即穿短裝、束皮帶、穿皮靴，學習胡人騎馬射箭的作戰方法。這場變革遭到了保守派的反對，認為是「易古之道，逆人之心」的做法，但趙武靈王力排眾議，帶頭穿胡服、習騎馬、練射箭，親自訓練士兵，培育出了一支強大的騎兵，使趙國軍事力量迅速強大，最終能西退胡人，北滅中山國，成為「戰國七雄」之一。

趙武靈王能夠突破守舊勢力的阻撓，堅決實行向「夷狄」學習的國策，表現了作為一個改革者的魄力和膽識。「胡服騎射」是中國古代軍事史上的一次大變革，其敢為天下先的進取精神值得歌頌。相傳，邯鄲市西的插箭嶺就是趙武靈王實行「胡服騎射」，訓練士卒的場所。

🐉 蘇秦合縱

在齊國開始稱霸中原後，地處西陲的秦國也在商鞅變法後，不斷強大起來，並占據了黃河天險，開始向東擴張。

公元前三二五年，秦惠文王開始稱王，秦國仗著強盛國力不斷進攻鄰國，而其他各國為了在諸侯爭霸中獲利，紛紛展開軍事和外交上的努力。其中蘇秦憑藉三寸不爛之舌，聯合中原六國展開了一系列共同抵制秦國的運動，因為六國位置縱貫南北，南北為縱，所以稱為「合縱」運動。

公元前三一八年，魏國的公孫衍發起了合縱策略，推舉楚懷王為縱長，聯合魏、楚、趙、韓、燕五國伐秦，但由於各國不齊心，很快就被秦國打敗了。公元前二九八年，齊、韓、魏聯合攻秦取得勝利，秦被迫割地求和。公元前二八八年，秦昭王尊齊湣王為東帝，自己稱西帝，並約齊共同攻趙。蘇秦勸說齊湣王放棄帝號，聯合齊、燕、趙、魏、韓五國軍隊合縱攻秦，迫使秦昭王也取消了帝號。

合縱運動從一個側面體現了秦國的強大。

張儀連橫

秦惠文王即位後，不斷擴張勢力，引起了其他六國的恐慌，因此他們結成聯盟共同攻打秦國，此為合縱；同時，秦國也派張儀等人展開了外交攻勢，說服別的國家向秦國靠攏，一起攻打其他的國家，此為連橫。

張儀憑他的口才，得到了秦惠文王的信任，當上了秦國的相國。這時六國正在組織合縱，意欲聯軍攻打秦國。而六國之中齊、楚兩國最強，所以張儀認為要實行連橫，就要拆散齊國和楚國的聯盟。

公元前三一三年，張儀出使楚國，他先重金收買了舊貴族靳尚及南后鄭袖，使其為他所用，然後許給楚懷王商於之地六百里。楚懷王不聽屈原等人的忠告，糊里糊塗地答應了與齊國絕交的要求，他一面跟齊國絕交，一面派人跟張儀到秦國去接收商於之地。結果楚國使者到了秦國，張儀翻臉不認帳，說當初承諾的只是六里地，而非六百里。楚懷王大怒，發兵攻秦，結果屢戰屢敗。而齊國因為楚國背棄盟約，也聯合了韓、魏攻打楚國。

從此，楚國一蹶不振，走上了衰落之路。

楚懷王客死秦國

楚懷王熊槐，是楚威王之子，楚頃襄王的父親，公元前三二八年～公元前二九九年在位。楚懷王貪婪成性，不辨忠奸，重用佞臣令尹子蘭、上官大夫靳尚，寵愛南后鄭袖，排斥左徒大夫屈原，致使國事日非。

公元前三一三年，秦國張儀面見楚懷王，要其以斷絕齊楚聯盟換取秦國割讓六百里商於之地，楚懷王中計，與齊國斷交後只得六里地，於是發兵進攻秦國，被魏章大破於丹陽。懷王再次召集全國的軍隊，發動進攻，又慘敗於藍田。公元前三一一年，秦國又攻占了楚國的召陵。楚國屢次戰敗，早已喪失了昔日的大國雄風。

公元前二九九年，秦國攻占了楚國八座城池，秦昭王約懷王在武關會面。懷王不聽昭睢、屈原的勸告，決定前去赴會，秦王脅迫楚懷王割地，楚懷王不肯，結果被秦國扣留。公元前二九七年，楚懷王從秦國逃走，卻又被秦國追兵捉回，於公元前二九六年在秦國病逝。這位糊塗的楚國國君，最終客死他鄉。

莊子看透世情

莊子名周，宋國蒙人，他繼承和發揚了老子的哲學思想，是道家學派的代表人物。因此，後世將他與老子並稱為「老莊」，將他們的哲學稱為「老莊哲學」。

莊子的思想包含著樸素辯證法思想，他認為「道」是宇宙的本體，萬物的來源，但又認為人可以通過修養得「道」，得了「道」，就可以與宇宙萬物合為一體，即「天地與我並生，萬物與我

為一」。又因此得出了我就是「道」，「道」就是我的觀點，所以說莊子的哲學是主觀唯心的。

莊子在政治上主張「無為而治」，認為人不能戰勝自然，所以「有用」還不如「無用」好。莊子否認客觀真理的存在，否認世界上一切的差別和對立，他認為誰是誰非沒有客觀標準，即使有，也是由認識者的主觀偏見決定的。莊子鄙視富貴利祿，痛恨「竊鉤者誅，竊國者諸侯」的社會現實。莊子推崇回歸自然的思想，所謂「相濡以沫，不如相忘於江湖」。傳說莊子的妻子死後，他坐在一邊「鼓盆而歌」。

莊子的文章充滿了想像力和濃厚的浪漫主義色彩，對後世文學有很大的影響。莊周及其門人著有《莊子》一書（被道教奉為《南華經》），是道家的經典作品。

燕將樂毅伐齊

樂毅，戰國著名軍事家，中山靈壽（今河北靈壽西北）人，魏將樂羊的後裔。公元前二八六年，齊國發兵攻打宋國，宋國地處中原，戰略位置十分重要，宋的滅亡引起了中原各諸侯國對齊的恐慌。

於是，地處西陲的秦國趁機約各國聯合攻打齊國。公元前二八四年，勢力不斷強大起來的燕國拜樂毅為上將軍，聯合秦、韓、趙、魏共同伐齊。

雙方激戰於濟西，齊軍大敗。樂毅率兵乘勝攻克了齊國七十二城，並占領了齊國都城臨淄（今山東淄博東北）。樂毅率兵焚燒齊都宮室廟宇，掠奪珍寶財富，盡歸燕國。燕昭王封樂毅為昌國君，燕國至此達到其鼎盛時期，而齊國雖然後來得以復國，卻自此走上

了衰落之路。

田單大擺火牛陣

戰國後期，齊將田單憑藉孤城即墨（今山東平度東南），由堅守防禦轉而反攻，並一舉擊敗燕軍，收復國土的一次著名作戰。

田單，田氏，名單，臨淄人，是戰國時田齊宗室的遠房親屬，任齊都臨淄的市掾（管理市場的官吏）。

樂毅攻破齊都臨淄後，集中兵力圍攻僅存的莒城（今山東莒縣）和即墨，齊國危在旦夕，齊湣王被殺，其子法章在莒被立為齊王，號召齊民抗燕。樂毅攻城一年不克，雙方形成僵持局面。即墨守將戰死後，軍民共推田單為將。田單很快集結了數千餘士卒，帶領大家增修城壘，加強防務。

燕昭王死後，燕惠王繼位，他聽信讒言，派騎劫取代樂毅攻齊。騎劫十分殘暴，激起齊人的反抗決心。田單一方面麻痺敵軍，一方面加緊戰鬥準備，待反攻時機成熟後，田單集中千餘頭牛，角縛利刃，尾紮浸油蘆葦，身披五彩龍紋衣，然後一起點燃牛尾奔向燕軍。

燕軍見無數冒火的怪物狂奔而來，亂作一團，只知道奪路逃命，騎劫在混亂中被殺。田單帶領齊人乘勝追擊，將燕軍逐出國境，收復了齊國失地，然後迎齊王法章回臨淄正式即位為齊襄王，田單受封為安平君。此戰使齊國轉危為安，但是國力已經嚴重被削弱，無法與秦抗衡。

藺相如完璧歸趙

藺相如（公元前三二九年～公元前二五九年），是戰國末期的

趙國大臣，今河北曲陽人，一說山西臨汾人，官至上卿，戰國時期的政治家。

戰國時期，趙王得到了一塊名貴的美玉——和氏璧。秦王知道後派使者對趙王說，自己願意用十五座城池來換這塊和氏璧。趙王左右為難，不答應怕得罪秦國，答應了又怕上當。這時，藺相如分析了秦強趙弱的形勢，主動要求帶著和氏璧去和秦王換取十五座城池。

可是秦王拿到和氏璧後，絲毫沒有割讓十五座城池的意思，於是藺相如藉故和氏璧有瑕疵，將和氏璧要了回來。之後藺相如拿著和氏璧做出要摔的姿勢，氣沖沖地對秦王說：「大王說要拿十五座城池換和氏璧，我這才把璧送來，如今大王拿到了和氏璧，卻絲毫不提十五座城池的事情。如此看來，大王確實沒有用城換璧的誠心。現在寶玉在我的手裡，如果大王硬要逼迫我，我情願把自己的腦袋和這塊寶玉一塊兒撞碎在這根柱子上！」

秦王怕摔壞了和氏璧，只好假意答應給趙國十五座城池。而藺相如則藉故要秦王齋戒五日後才肯奉上和氏璧，回到公館後，卻立刻叫一個手下人打扮成商人，把那塊寶玉偷偷地送回了趙國。秦王發覺後，也只好把藺相如放回了趙國。

屈原投江

屈原（公元前三四〇年～公元前二七八年），芈姓屈氏，名平，字原，楚國丹陽人，是楚武王熊通之子屈瑕的後代，中國最偉大的詩人之一。

屈原早年受楚懷王信任，曾任三閭大夫，常與楚懷王商議國事，參與法律制定，主持外交事務。屈原主張楚國與齊國聯合，共

同抗衡秦國。但由於自身性格耿直驕傲，加之他人的排擠與誹謗，屈原逐漸被楚懷王疏遠。

公元前三○五年，屈原反對楚懷王與秦國訂立黃棘之盟，在小人的讒言之下，被楚懷王逐出郢都，放逐到漢北。公元前二九九年，秦國攻占了楚國八座城池，秦昭王約懷王在武關會面。懷王不聽屈原等人的勸告，前往武關後被秦國扣留。

公元前二九六年，楚懷王在秦國死去。屈原氣憤異常，他勸楚頃襄王遠離小人，操練兵馬，為國家和楚懷王報仇雪恥。屈原的勸告毫不奏效，反倒招來了令尹子蘭和靳尚等人的誹謗。楚頃襄王將屈原革職，放逐到了南荒之地。

屈原在流放期間創作了大量文學作品，包括《離騷》、《九歌》、《天問》等，其作品文字華麗，想像奇特，洋溢著對楚地楚風的眷戀和為民報國的熱情，成為中國文學的起源之一。

公元前二七八年，秦國大將白起揮兵攻楚，大破郢都，頃襄王逃難。屈原在絕望和悲憤之下，於當年的五月五日，懷揣大石投汨羅江而死。人們為了紀念他，將每年的農曆五月初五定為端午節，在這一天吃粽子，划龍舟，紀念這位偉大的愛國詩人。

秦國遠交近攻

范雎是戰國時期魏國人，著名的政治家，軍事謀略家。早年家境貧寒，後出使齊國時為魏國中大夫須賈所誣，歷經磨難後輾轉入秦。

公元前二六六年，秦昭王任范雎為相，為達到兼併六國的目的，秦昭王採納了范雎提出的「遠交近攻」策略，即遠交齊、楚，近攻三晉。具體來說就是對齊、楚等距秦較遠的國家先行交好，穩

住他們使其不干預秦攻打鄰近諸國之事。而魏、韓兩國地處中原，有如天下之樞紐，離秦又近，宜首先攻打以除心腹之患。魏、韓臣服，則北可以威懾趙，南能夠攻打楚，最後再攻齊。這樣由近及遠，逐步向外擴張，好比蠶食桑葉一樣，必能一統天下。

秦昭王採用「遠交近攻」的策略，於公元前二六八年派兵伐魏，公元前二六四年又派兵攻打韓國。在懾服魏、韓之後，秦國又把矛頭對準了趙國，於長平之戰中大敗趙軍。

經過一連串的征戰，秦國疆域越來越廣闊，各國無不震動。范雎「遠交近攻」的謀略為秦國統一六國奠定了基礎。

長平之戰

公元前二六二年，秦國開始把攻擊的矛頭指向趙國，秦昭王派大將王齕率兵伐趙，趙國派廉頗駐守長平（今山西高平縣西北），以防秦軍。廉頗經驗豐富，在長平堅壁固守，拒不出戰。

兩軍對峙三年，不分勝負。公元前二六〇年，范雎深知趙國大將趙奢之子趙括精通兵書卻不懂實戰，於是使用反間計，派人潛入趙都邯鄲用重金收買了一些趙國大臣，讓他們散布廉頗年老怯戰、秦國最怕趙括出戰的流言。

趙孝成王果然中計，改派只會紙上談兵的趙括替換廉頗擔任主帥。

秦昭王又按范雎之計，派武安君白起為上將軍。

之後，趙括改守為攻，全線出擊，結果趙軍被白起包圍，趙括死於亂軍之中，四十多萬兵士被秦軍坑殺。這就是著名的「長平之戰」，而「紙上談兵」的典故也起源於此。

長平之戰戰敗後，趙國主力喪失殆盡，從此走向衰落，而秦國

則更加強大，加速了統一之路。

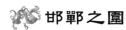 邯鄲之圍

公元前二五九年，長平之戰勝利後，秦國欲乘勝滅趙，於是派兵包圍了趙國都城邯鄲，趙國的形勢非常危急。

此時，趙國軍民同仇敵愾，奮勇抵抗。趙上卿廉頗率軍進行頑強抵抗，而戰國四公子之一的趙國丞相平原君散家財於士卒，編妻妾入行伍，鼓勵軍民共赴國難，並挑選三千精兵，不斷出擊。

邯鄲城外的秦軍死傷慘重，久攻不下。此時，趙國派人到魏國、楚國求援，魏信陵君無忌統領士兵八萬前來支援。與此同時，楚國也派出春申君黃歇救援趙國，趙國守軍配合城外魏、楚兩軍出城反擊。最後，在楚、魏、趙三國的聯合攻擊下，一舉擊潰秦軍，解除了邯鄲之圍。聯軍乘勝追至河東，秦軍退回河西（今山西、陝西間黃河南段）。秦國和趙、魏、楚三國簽約息兵，把以前占領的河東郡還於魏；太原郡還於趙；上黨郡還於韓。

邯鄲之圍是秦國獨強的局面形成後，諸侯合縱抗秦取得的第一次大勝，推遲了秦國統一六國的進程。

信陵君竊符救趙

戰國時期，魏國的信陵君魏無忌、齊國的孟嘗君田文、趙國的平原君趙勝、楚國的春申君黃歇因禮賢下士、廣招賓客而聞名天下，各地的有識之士紛紛前去投靠。因為這四個人都是王公貴族，所以被稱為「戰國四公子」。

當時，趙國丞相平原君的妻子是信陵君魏無忌的姐姐。所以在秦軍包圍趙都邯鄲時，平原君趙勝多次向魏安僖王和魏無忌送信，

請求魏國出兵救援，於是魏安僖王派將軍晉鄙領兵十萬前去救趙。秦昭王知道後，遂派使者威脅魏安僖王，魏安僖王懼怕，遂命令晉鄙停止進軍，留在鄴紮營駐防，觀望形勢的發展。

眼看趙國形勢危急，魏無忌焦急萬分。魏無忌曾替魏安僖王的寵妃如姬報了殺父之仇，於是他請如姬幫忙，從魏安僖王的臥室內竊出了大將晉鄙的兵符。魏無忌拿著兵符找到晉鄙，假傳王命說要接替晉鄙統率大軍，晉鄙面有懷疑之色，於是魏無忌令隨從殺了晉鄙。然後親自統領八萬精兵開拔前線，和楚國派出的春申君黃歇一起救援趙國。最後，魏、楚、趙三國聯軍一舉擊潰秦國，解除了邯鄲之圍。

毛遂自薦

公元前二五九年，秦軍圍攻了趙國都城邯鄲，大敵當前，趙國形勢萬分危急，趙王派丞相平原君去楚國求救。平原君把他門下的食客召集起來，想挑選二十個文武全才的人一起去。他挑了又挑，最後還缺一個人。這時，門下食客毛遂自動請求一同前去。

到了楚國，平原君和楚王談判，楚王一直疑而未決。此時毛遂挺身而出，陳述利害，把出兵援趙有利於楚國的道理，作了非常精闢的分析。毛遂的一番話，說得楚王心悅誠服，於是馬上答應出兵。

最終，楚、魏兩國聯合出兵援趙，秦軍大敗，終於退出了邯鄲。平原君回趙國後，待毛遂為上賓。

李冰興建都江堰

都江堰位於四川省都江堰市城西，是戰國時期由秦國蜀郡太守

李冰率眾修建的，被譽為「世界水利文化的鼻祖」，如今是四川著名的旅遊勝地。

戰國時期，諸侯四起，戰亂紛呈，經過商鞅變法後的秦國一時賢相輩出，國勢日盛，也逐漸意識到巴蜀地區在統一中國過程中的特殊戰略地位。在這一歷史大背景下，戰國末期秦昭王委任上知天文、下知地理的李冰為蜀郡太守。

李冰上任後，發現每當岷江洪水氾濫，成都平原就成為一片汪洋；而一遇旱災，又是赤地千里。岷江水患使巴蜀地區的人民飽受苦難，成為古蜀國生存發展的一大障礙。

李冰下決心根治岷江水患，發展川西農業，於是和他的兒子率領當地人民修建了都江堰，其整體規劃是將岷江水流分成兩條，其中一條水流引入成都平原，這樣既可以分洪消災，又可以引水灌溉、變害為利。都江堰修建以後，巴蜀地區的水患解除，農業開始發展，為秦國一統中國奠定了經濟基礎。

秦滅周、奪九鼎

相傳九鼎為夏禹統一天下後，用九牧上貢的金所鑄造的，象徵著華夏九州。

商代時，對表示王室貴族身分的鼎有著嚴格的規定：士用一鼎或三鼎，大夫用五鼎，而皇室天子才能用九鼎，祭祀天地祖先時要行九鼎大禮。九鼎被夏、商、周奉為國寶，擁有九鼎者為天子。

公元前二五六年，攻伐趙國邯鄲的秦軍，繼續向韓、趙發動攻勢。東方各國又發動了聯合抗秦的戰爭。在韓、趙等國的影響與脅迫下，西周國（東周末期，因內部紛爭，分裂為西周、東周兩個小國）也捲入了這次活動。聯軍遂打著周王的旗號，合縱抗秦。

秦昭王大怒，秦國早就想在地圖上抹去周朝，儘快掃除一統天下的障礙。西周國參與反秦，正好給秦國出兵的理由。於是公元前二五六年，秦國派兵攻打西周國，而周赧王聽西周公之言，以西周三十六城、三萬戶降秦，秦王將周赧王貶爵為君，西周公為家臣，封於梁城（今陝西省韓城縣南）。

周赧王至梁城一月後而死，周朝自此滅亡。公元前二五五年，秦國將九鼎遷到秦國，放置在咸陽（途中一鼎落於泗水，所以秦國只得到八鼎，但習慣上仍稱九鼎）。九鼎遷秦，意味著秦王將為天下共主，可以名正言順地討伐各諸侯國。史家遂開始以秦王紀年。

河外之戰

邯鄲之戰後，趙國轉危為安。魏信陵君無忌救趙有功，但他竊取魏王虎符，擊殺大將晉鄙，害怕魏安釐王降罪，不敢再回魏國，於是命令副將率軍回魏，自己率領賓客停留在趙國。

秦昭王聽說信陵君在趙國，認為這是攻魏的大好機會，遂令蒙驁率軍向東攻魏。魏兵屢戰屢敗，不能抵擋秦軍的進攻，魏王只好派使者持黃金彩幣，請魏無忌回國拒秦。信陵君回國後，魏王免其竊符殺將之罪，授上將軍印。

信陵君致書各國，請求派兵援魏。趙、韓、楚、燕等國國君素來敬重信陵君，紛紛遣軍到魏國支援。魏無忌率領魏、趙、韓、楚、燕五國聯軍向西攻秦，秦軍敗退。聯軍追至河外（今河南西部黃河以南），包圍了秦軍。信陵君親冒箭矢，率先衝鋒，全軍士氣大振，緊隨其後進軍，秦陣營混亂，蒙驁因腹背受敵，被迫西退。聯軍乘勝攻至函谷關（今河南靈寶北）。秦軍緊閉關門，堅守不出。相持了幾個月之後，聯軍撤回。

河外之戰的勝利給秦國沉重打擊，信陵君從此揚名天下，魏安僖王為表彰信陵君收復關東失地的功勞，將他拜為上相，封邑五城。

秦王嬴政即位

秦王嬴政，戰國末期秦莊襄王的兒子，出生於趙地邯鄲，因此亦稱趙政。

公元前二四七年，秦莊襄王去世，年僅十三歲的嬴政登上了秦王的寶座。這時呂不韋為相，封十萬戶，為文信侯，獨攬大權，被嬴政尊為仲父。呂不韋為嬴政掃除了許多潛在的政治威脅，包括秦王政的弟弟成蟜。由於嬴政年幼，秦國的實權實際上操縱在呂不韋和宦官的嫪毐手中，朝廷中存在著激烈的政治鬥爭。

公元前二三八年，秦王嬴政二十二歲，開始親政。這時嫪毐在咸陽發動武裝叛亂。不過嬴政早已布置好精兵，所以很快就打敗叛軍，處死了嫪毐。

公元前二三七年，秦王政又以失職為名免除了呂不韋的相位，將他發配到蜀郡，兩年後嬴政又派人送去絕命書，呂不韋服毒自殺。

至此，秦王嬴政掃清政權內部的威脅，開始了一統天下的戰爭。

韓非子提出君主專制理論

韓非，戰國末期韓國人（今河南省新鄭），為韓國公子（即國君之子）。據說他口吃，不善言辭，但擅長寫作，是中國古代著名的哲學家、思想家、政論家和散文家，後世尊稱其為「韓子」或「韓非子」。

　　韓非與李斯同是荀子的學生，他博學多能，思維敏捷，寫起文章來氣勢逼人，堪稱當時的大文豪，李斯自愧不如。韓非是戰國時期法家思想的代表人物，他認為統治者要應世而變，不斷改變統治方法。

　　韓非主張加強中央集權，實行君主集權統治。他認為國君必須掌握「法」、「術」、「勢」。「法」就是成文的法令；「術」是國君控制臣下的權術；而「勢」是國君至高無上的權勢。這三者不可分離，應「以法為本」。他反對「仁政」，主張嚴刑峻法。

　　韓非子的中央集權思想為秦始皇一統中國，建立君主專制的中央集權國家奠定了理論基礎。

秦國修築鄭國渠

　　戰國末期，秦國國力蒸蒸日上，欲向東方進行擴張，韓國首當其衝，隨時都有可能被秦併吞。

　　公元前二四六年，韓桓惠王在走投無路的情況下，採取了一個所謂「疲秦」的策略。他派著名的水利工程人員鄭國作為間諜來到秦國，遊說秦王在涇水和洛水間穿鑿一條大型灌溉渠。這一計畫表面上是為了發展秦國農業，其實是想消耗秦國實力，使其無暇東侵。

　　剛剛即位的嬴政正想發展關中地區的農業生產，增強國力，於是很快採納了此一建議，任命鄭國主持興建大型灌溉渠。在施工過程中，韓國「疲秦」的陰謀敗露，秦王嬴政要殺鄭國。鄭國說：「水渠修成了也有利於秦國，臣雖然為韓國拖延了時間，也為秦國建立了萬世之功。」嬴政認為鄭國說得對，所以仍然任用鄭國繼續修建工程。經過十多年的修築後，全渠完工，即鄭國渠。

鄭國渠全長三百里，可澆灌關中農田四萬餘頃，此後關中平原沃野千里，糧食產量大大提高，為秦國積蓄力量、統一六國奠定了基礎。

 荊軻刺秦王

秦國滅掉趙國以後，兵鋒直指燕國南界，燕國上下震懾，燕太子丹與田光密謀，決定派荊軻入秦行刺秦王，以解亡國之危。

荊軻告訴太子丹說，秦國叛將樊於期目前正在燕國避難，可以拿著他的頭和同意割讓給秦國的城池——燕督亢的地圖進獻秦王，相機行刺。太子丹不忍殺樊於期，荊軻只好私見樊於期，告以實情，樊於期為成全荊軻而自刎。

公元前二二七年，荊軻受太子丹之托，帶著樊於期的首級和燕督亢的地圖，前往秦國刺殺秦王。臨行前，許多人在易水邊為荊軻送行，場面十分悲壯。

荊軻來到秦國後，秦王在咸陽宮隆重召見了他。秦王打開木匣，看到裡面果然裝著樊於期的頭顱，於是秦王又叫荊軻把地圖打開。荊軻慢慢打開地圖，當地圖完全打開後，藏在裡面的匕首露了出來，荊軻拿起匕首刺向秦王，沒有刺中，左右的武士們衝了上來，在打鬥的過程中，荊軻被秦王砍斷右腿，之後被武士們所殺。

秦始皇滅六國

秦王嬴政自親政後，便著手規劃統一六國的大業。

自公元前二三〇年開始，秦始皇採取遠交近攻的策略，發動了秦滅六國之戰。

公元前二三一年，韓國南陽郡「假守」（即代理郡守）騰向秦

投降，被秦王政任命為內史。公元前二三〇年，秦國派內史騰率兵攻韓，俘獲韓王安，韓國滅亡。

公元前二二九年，秦國又派王翦領兵攻趙，第二年攻入邯鄲，俘獲了趙王遷。但公子嘉逃到代郡（今河北蔚縣）自立為王，後秦軍在公元前二二二年滅燕國之後將其俘虜。

公元前二二七年，燕國派荊軻刺殺秦王失敗後，秦王派王翦大舉進攻燕國，於次年攻下燕都薊，燕王喜與太子丹逃往遼東，於公元前二二二年被王賁所滅。

公元前二二五年，秦王政派王賁率軍圍攻魏都大梁，三個月後，魏國滅亡。

公元前二二四年，秦國又派大將王翦率六十萬秦軍攻楚，次年大敗楚軍，俘獲楚王負芻，楚將項燕自殺。

公元前二二一年，秦王命令王賁揮軍南下，攻打僅存的齊國。王賁率軍長驅直入，一路來到臨淄，齊王建不戰而降，齊國滅亡。

至此，秦國消滅六國，實現一統，最終建立了中國歷史上第一個大一統、多民族、中央集權的君主專制國家——秦朝。

《黃帝內經》成書

《黃帝內經》是中國現存最早的中醫理論專著，它和《難經》、《傷寒雜病論》、《神農本草經》並稱中國傳統醫學四大經典著作。

《黃帝內經》共有十八卷，《素問》、《靈樞》各九卷，一共分為八十一篇，主要內容包括攝生、陰陽、臟象、經絡和論治之道，其醫學理論是建立在中國古代道家理論的基礎之上的，反映了中國古代天人合一的思想。

《皇帝內經》的成書年代一向有爭議，有人認為是黃帝與大臣

討論醫學的記述，但普遍的說法認為是戰國至秦漢的作品，在西漢時劉向在整理古籍時曾收錄過此書，很可能《黃帝內經》的書名也成於此時，後來東漢的班固在《漢書·藝文志》中曾引錄此書。

《黃帝內經》是中國古代的人們醫療經驗的積累，它形成了系統的醫學理論，進一步指導醫療實踐，成為中國傳統科學中探討生命規律及其醫學應用的系統學問。

《黃帝內經》奠定了中醫學發展的基礎，對後世的醫學發展有著很深遠的影響。

秦漢時期：

大一統之後的
繁榮與衰落

公元前二二一年，秦王嬴政先後滅掉六國，結束了長期的諸侯爭戰局面，完成了一統中國的大業，建立了中國歷史上第一個中央集權一統多民族的國家——秦朝，並自稱「始皇帝」，被稱為「千古一帝」。

然而秦朝並沒有像他期望的那樣傳至萬世，秦二世剛剛即位，昔日的大秦帝國就在風起雲湧的農民起義中灰飛煙滅了。滅秦之後，經過幾年的楚漢之爭，劉邦最終打敗項羽，建立了西漢政權。

西漢王朝盛極一時，然而後期朝政腐敗，被外戚王莽篡奪皇位。漢室宗親劉秀趁機起兵，打敗新莽政權，建立東漢。

東漢自第四位皇帝漢和帝劉肇開始，歷代皇帝都是幼年即位，外戚、宦官交替專權，朝政混亂不堪。軍閥董卓進入洛陽，廢立少帝，為所欲為，關東軍閥群起而討之，天下再次分崩離析，諸雄割據。

秦朝（公元前二二一年～公元前二〇六年）

🐉 秦始皇建立秦朝

公元前二二一年，秦王嬴政相繼滅掉了韓、趙、燕、魏、楚、齊六國之後，終於完全統一了天下，成為天下共主。

這時秦朝的疆域非常遼闊，秦始皇認為以前的「王」、「公」等稱謂都不足以表彰自己的功勛，於是想為自己確定一個新的稱號。他認為自己德高三皇，功蓋五帝，因此他從「三皇」和「五帝」之中各取一個字，自稱為皇帝，以顯示自己至高無上的地位。

秦始皇自稱「始皇帝」，並宣布子孫稱二世、三世，以至萬世。秦王朝就此開始，從此皇帝就成了中國最高統治者的統稱。

🐉 建立中央集權

秦朝建立以後，原來的政權結構已經不符管理統一國家的需要，於是秦始皇實行一系列改革，加強了中央集權的統治。

他在中央設置丞相、太尉、御史大夫，即所謂的三公，丞相分為左丞相和右丞相，主管國家政事；太尉主管軍事；御史大夫是丞相的副手，負責監察百官，管理典籍。丞相、太尉、御史大夫以下設立九卿，負責分管國家的各項具體事務。「三公九卿」都由皇帝

任免調遣，直接對皇帝負責。

在地方，秦始皇採納了丞相李斯的建議，廢除了周朝以來的分封制，實行郡縣制，在全國設立了三十六郡，郡縣的官吏都由中央統一任免。這些具有開創性的措施，極大地增強了皇帝的權力，有利於國家的統一管理。

蒙恬北擊匈奴

蒙恬出生於名將世家，祖父蒙驁和父親蒙武都是秦國名將，公元前二二一年，蒙恬因破齊有功被秦始皇封為將軍，深受器重。

匈奴是一個古老的遊牧民族，早在中原各國割據混戰的時候，匈奴就一直活躍在秦、趙、燕以北的地區。他們善於騎射，時不時地會到中原各國劫掠一番，威脅著邊境的安全。在秦國統一六國的過程中，匈奴乘機跨過黃河，占領了河套以南的大片地區。

公元前二一五年，天下初定之後，秦始皇派大將蒙恬率領三十萬秦軍北擊匈奴。蒙恬率領大軍以銳不可當之勢，第一次交戰就殺得匈奴軍隊潰不成軍，大敗而逃。經過幾次大戰之後，蒙恬澈底打敗了匈奴軍主力，迫使匈奴望風而逃，遠去大漠以北七百里，蒙恬收復河南地（今內蒙古河套一帶），他因此而被譽為「中華第一勇士」。

秦始皇修築長城

在中國北方的蒙古高原上，自古以來就活躍著為數眾多的遊牧民族，匈奴族就是其中之一。

早在戰國時期，匈奴日漸強盛，他們試圖南侵，經常會和中原各國發生衝突，因此為了抵禦匈奴的威脅，瀕臨北方邊境的秦、

趙、燕三國各自修築了長城。

　　秦始皇統一六國以後，先是派大將蒙恬收復了被匈奴占領的河套地區，在那裡設置三十四個縣，遷徙中原三萬戶百姓去充實邊關，發展民生。之後為進一步增強邊關防禦，秦始皇又令蒙恬徵集勞役修繕長城，將原來秦、趙、燕三國的舊長城連接起來，構築了一條西起臨洮，東到遼東的萬里長城，然後派兵駐守，從而抵禦了匈奴的入侵，保障了人民的安定生活。

焚書坑儒

　　所謂亂世出英才，春秋戰國時期既是一個紛亂混戰的時代，也是學術思想大放異彩、百家爭鳴的時期。可是，眾說紛紜的思想不利於鞏固統一的政權，於是秦始皇統一六國以後，實行了一系列鞏固大一統的措施，規定整個國家「書同文，車同軌」。

　　公元前二一三年，秦始皇在咸陽宮設宴招待群臣，博士淳于越反對郡縣制，提出應效法古制，實行分封，丞相李斯說他以古非今，惑亂百姓。秦始皇採納了李斯的建議，下令焚燒《秦記》以外的列國史記，將諸子百家的《詩》、《書》等作品全部燒毀。規定有敢談論《詩》、《書》的處死，以古非今的滅族，禁止私學，想學法令的人要以官吏為師，這就是「焚書」事件。

　　第二年，曾經為秦始皇尋找長生不老藥的方士侯生和盧生逃跑，並誹謗秦始皇，於是秦始皇下令追查，最後竟有四百六十多名儒生受牽連而被坑殺。

　　焚書坑儒雖然有利於鞏固統一政權，但從長遠看，它不僅使大量優秀典籍被焚毀，而且阻塞言路，為秦王朝埋下了隱患。

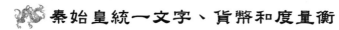

秦始皇統一文字、貨幣和度量衡

　　戰國時期各國之間的文字彼此不同，不利於經濟、文化交流和國家管理，所以秦始皇統一六國後，令丞相李斯等人在秦國原有的文字基礎上，制定出了字形比較規範的文字「小篆」，並在全國推行，實現了「書同文」，之後程邈又將其演變為更加易於書寫的「隸書」，促進了全國的文化交流和發展。

　　秦始皇又廢除了原來六國使用的舊貨幣，將貨幣分為金和銅兩種，黃金為上幣，以鎰（二十兩）為單位；銅錢為下幣，稱為「半兩」，統一為圓形方孔。金幣主要供皇帝賞賜，圓形方孔銅錢在全國統一使用，直至清末，圓形方孔錢一直都是各個朝代的通用貨幣。

　　此外，為了促進經濟發展，保證國家稅收，秦始皇還統一了原本混亂的度量衡標準。

修築秦始皇陵與阿房宮

　　秦始皇即位不久，便開始為自己營建陵園，由丞相李斯主持修建，修築時間長達三十八年之久，其工程之浩大，氣魄之宏偉，創歷代統治者奢侈厚葬之先例。這座陵墓長二千公尺，高五十五公尺，以銅築頂，裝修豪華，於一九七四年被發現，秦始皇葬於陵墓的中央，周圍分布著無數形態各異的陶制兵馬俑，成為世界史上的奇蹟。

　　在統一六國期間，秦始皇每滅一國，便在都城咸陽附近仿造一座該國的宮殿，整個關中地區聳立起一片巍峨的建築群。

　　統一天下之後，秦始皇覺得先王的宮殿太小，於是又下令徵集

勞役，大興土木，在故周都城豐、鎬之間，渭河以南的皇家園林上林苑中，集天下建築之精華，營造一座新朝宮，整個宮殿規模浩大，用人最多的時候竟然達到七十多萬人。因為工程太過浩大，所以秦始皇去世之前，整座宮殿只是鋪好了地基，只有前殿阿房宮建成，後人便將整座宮殿稱為阿房宮。

🐉 徐福東海求藥

徐福，即徐市，字君房，齊地琅琊（今江蘇贛榆）人，秦國著名方士，是鬼谷子先生的關門弟子。他博學多才，學辟穀、氣功、修仙，通曉醫學、天文、航海等知識，且同情百姓，樂於助人，故在沿海一帶民眾中名望頗高。

徐福上書說海中有蓬萊、方丈、瀛洲三座仙山，有神仙居住。於是秦始皇派徐福率領童男童女數千人以及已經預備的三年糧食、衣物、藥品和耕具入海求仙，耗資巨大。但徐福率眾出海數年，並未找到神山。徐福推託說出海後碰到巨大的鮫魚阻礙，無法遠航，要求增派射手對付鮫魚，秦始皇應允。後徐福再度率眾出海採仙藥，一去不返。

後來，傳說徐福來到日本的「平原廣澤」，感到當地氣候溫暖、風光明媚，便停下來自立為王，教當地人農耕、捕魚、捕鯨和瀝紙的方法，此後再也沒有返回中國。

而中國的鄉親們為紀念這位好心的名醫，把他出生的村莊改為「徐福村」，並在村北建了一座「徐福廟」。

🐉 修建靈渠

秦始皇統一六國之後，開始征討嶺南地區，戰爭初期，由於

山路崎嶇，運輸線太長，糧草經常接濟不上，因此秦軍處於不利地位。

為方便運送軍隊、物資等，加快南征進程，公元前二一九年，秦始皇命史祿等人開鑿靈渠，公元前二一五年竣工，靈渠貫通了長江水系的湘江和珠江水系的灕江，成為嶺南與中原地區的水路交通要道。這樣，從湘江用船運來的糧草等軍隊物資，可以通過靈渠進入灕江，源源不斷地送往前線。

公元前二一四年，秦軍終於攻下了嶺南，秦始皇在嶺南設置了桂林、南海、象郡，並派兵戍守。

靈渠是世界上最古老的運河之一，被列為中國重點文物保護單位。

沙丘之變

公元前二一〇年，秦始皇到東南一帶巡視，隨行的有丞相李斯、宦官趙高，還有他最小的兒子胡亥。

秦始皇向南到了會稽郡（今江蘇蘇州），再向北到了琅琊（今山東省膠南市）。回來的路上，秦始皇在平原津（今山東平原縣南）病倒了。

到了沙丘（今河北廣宗縣西）的時候，秦始皇病重，他知道自己生命垂危，於是吩咐趙高寫信給長子扶蘇，讓他趕快回咸陽去主辦喪事並繼承帝位。但信還沒來得及送出，秦始皇就斷了氣。之後，在趙高的鼓動下，想繼承皇位的胡亥與想保住丞相職位的李斯合謀，假造了一份詔書給公子扶蘇，說他在外不能立功反而怨恨父皇，又說將軍蒙恬和扶蘇同謀，都該自殺，把兵權交給副將王離。扶蘇接到這份詔書後就自殺了。

趙高和李斯擔心國家發生混亂，祕不發喪，直到到了咸陽，他們才宣布秦始皇死去的消息。舉行喪葬後，他們又假傳秦始皇的遺詔，由胡亥繼承皇位，即秦二世。

秦二世昏庸亡國

秦二世，嬴姓，名胡亥，是秦始皇第十八子（最小的兒子）。公元前二一〇年，他在趙高與李斯的幫助下，逼死扶蘇，當上了秦朝的二世皇帝。

胡亥即位後，宦官趙高掌握實權，為所欲為，為秦始皇舉行喪禮時，下令秦始皇後宮無子者皆殉葬，在埋葬秦始皇時還把全部工匠封死在驪山陵墓裡。

他們怕篡奪皇位的事洩露出來，於是趙高叫唆胡亥殺害自己的兄弟和大臣，把十二個公子和十個公主都定了死罪，受株連的大臣更是不計其數。

公元前二〇八年，趙高又誣陷李斯謀反，唆使胡亥把李斯也抓起來殺了。趙高自己當了丞相，獨掌大權，把持朝政。同年，秦國將領章邯、王離投降項羽，劉邦攻下武關，趙高非常惶恐。

公元前二〇七年，趙高與其婿咸陽令閻樂合謀，逼胡亥自殺於望夷宮，時年二十四歲。

趙高指鹿為馬

趙高精於法律，書法也寫得好，有一說小篆是趙高所創。他因為精明幹練而得到秦始皇的欣賞，任中車府令。

秦二世時趙高獨攬大權，結黨營私，野心勃勃，甚至想篡奪皇位。但他不知道朝中有多少大臣肯順從他，於是想出了一個主意來

進行試探，他在上朝時將一頭鹿牽來，對秦二世說這是一匹馬，秦二世說：「這明明是鹿嘛，丞相怎麼說他是馬？」而朝堂上的眾位大臣，支持趙高的人紛紛隨聲附和說這是一匹馬，反對他的人則直言不諱地說這不是馬。這就是「指鹿為馬」一詞的由來。

趙高通過各種手段排除異己，將那些不順從自己的大臣治罪，成為秦朝實際上的掌權者。公元前二〇七年，劉邦攻下武關，趙高惶恐萬分，遂逼胡亥自殺於望夷宮，另立子嬰為王。不久反被子嬰設計殺害，並誅三族。

🐉 陳勝、吳廣起義

秦始皇繼位後，為了抵抗匈奴，徵集幾十萬勞役修建長城，之後又用七十萬囚犯修築阿房宮、戍守嶺南。

秦二世即位後，從各地徵調幾十萬囚犯和民夫，修造秦始皇陵。這座陵墓以銅鑄地基，以水銀造江河湖海，工程浩大，勞民傷財。在埋葬秦始皇後，為了防備有人盜墓，還將所有造墳的工匠活埋殉葬。同時秦二世又繼續徵集勞役建造阿房宮，逼得百姓怨聲載道。

公元前二〇九年秋，秦朝征閭左的貧民前去屯戍漁陽（今北京密雲西南），陳勝、吳廣等九百餘名戍卒趕往漁陽戍邊。行走到蘄縣大澤鄉（今安徽宿州東南劉村集）時，突然天降大雨，道路被洪水阻斷，不能如期到達目的地。而根據秦朝法律，過期要斬首。情急之下，陳勝、吳廣領導戍卒，殺死押解戍卒的將尉，發動兵變，以「大楚興，陳勝王」為口號，揭竿而起，反對秦朝廷，各地百姓紛紛響應。

義軍推舉陳勝為將軍，吳廣為都尉，接連攻克大澤鄉和蘄縣，

並在陳縣（今河南淮陽）建立張楚政權。

大澤鄉起義是中國歷史上第一次大規模的農民起義，雖然後來在秦將章邯的鎮壓下失敗，但它揭開了反秦革命的序幕，此後各地的反秦勢力此起彼伏，形成了燎原之勢，劉邦、項羽、英布、彭越等人的勢力不斷壯大，成為著名的義軍首領。

破釜沉舟

繼陳勝、吳廣起義之後，各地割據勢力群雄並起。項羽原本是楚國舊貴族的後代，大澤鄉起義後與叔父項梁在吳（今江蘇蘇州）殺死會稽郡守，起兵反秦。

項羽力大無比，驍勇善戰，許多義軍都投奔他，形成了一支強大的反秦力量。

公元前二〇八年，陳勝被秦將章邯所殺後，項梁和項羽立楚懷王之孫熊心為後楚懷王，以此號召群雄，成為了新的義軍中心。

同年項梁在攻打定陶時被章邯所殺，章邯又派王離率領二十萬大軍攻打趙國（秦末起義諸國之一），攻下邯鄲，將趙王歇圍困在鉅鹿（今河北平鄉）。趙王歇派使者向楚懷王求援。楚懷王以宋義、項羽為將，率軍北上救趙。

項羽為叔報仇心切，殺死了避而不戰的主將宋義，然後派遣部將英布、蒲將軍率領兩萬人為先鋒，渡過漳河，切斷了秦軍的運糧通道。項羽親率全部主力渡河，並下令全軍將士破釜沉舟，每人只攜帶三天的乾糧，以示決一死戰的決心。

此舉激起士氣，將士們奮勇死戰，楚軍九戰九捷，大敗秦軍，俘獲了秦軍統帥王離，解除了鉅鹿之困。

鉅鹿之戰基本上摧毀了秦軍主力，之後義軍連戰連捷，秦朝走

向滅亡。

劉邦滅秦進咸陽

　　章邯攻打邯鄲之時，楚懷王決定兵分兩路攻打秦軍，一路是項羽帶兵參加鉅鹿之戰，另一路由劉邦率軍直搗關中，並約定兩軍先攻破秦國進入咸陽的人為王。

　　項羽在鉅鹿大敗秦軍的同時，劉邦率領義軍進入河南，他一邊率兵向西挺進，一邊收編其他反秦力量，不斷壯大隊伍。他採取避實擊虛的方針，先攻克了秦朝的糧倉——陳留，將敵人的糧草為己所用。之後又聽從謀士張良的建議，繞道攻占了宛城，從而避免了腹背受敵。

　　由於秦軍主力當時被項羽牽制，所以劉邦輕而易舉地攻破了武關，於公元前二〇七年到達咸陽城外灞上。此時，秦朝統治階級內部充滿矛盾，趙高逼死了秦二世，立子嬰為秦王。不料秦王子嬰卻殺死趙高，向劉邦投降。

　　劉邦攻占咸陽後，因為實力不及項羽，所以退軍至灞上，並與關中父老約法三章：「殺人者死，傷人及盜抵罪。」使咸陽很快恢復了社會秩序，劉邦也因此取得了民心。

鴻門宴

　　公元前二〇七年，劉邦率領義軍攻破武關，進入關中地區。他與關中父老約法三章，並派人駐守函谷關，以防項羽進關。項羽在鉅鹿之戰中取得勝利後，聽說劉邦已經攻下咸陽，並打算在關中稱王，項羽一怒之下率兵攻陷了函谷關，進駐鴻門（今陝西臨潼東），並準備攻打劉邦。

　　當時雙方兵力懸殊，項羽有四十萬人，而劉邦只有十萬人，劉邦的處境非常危險。此時項羽的叔叔項伯想起劉邦的謀士張良對自己有恩，於是連夜跑到灞上見張良，將這一情況告訴了張良。劉邦知道後，對項伯恭敬有加，並和項伯約為兒女親家，項伯答應為劉邦說情。

　　第二天，劉邦親赴鴻門謝罪，項羽設宴招待劉邦，這就是歷史上著名的「鴻門宴」。在酒宴上，項羽的謀士范增一直暗示項羽對劉邦下手，但因為項伯已經為劉邦說情，項羽猶豫不決，遲遲沒有採取行動。范增又派項莊以舞劍助興為由，想趁機殺死劉邦，可是項伯看出端倪，也上前舞劍以掩護劉邦。後來劉邦藉口不勝酒力，在張良和樊噲的掩護下逃回了灞上。

　　鴻門宴後，項羽帶兵攻入咸陽，殺死子嬰，焚燒宮室，然後尊楚懷王為義帝，自立為西楚霸王，並大封諸侯王，將劉邦封為漢王。由於咸陽殘破，項羽率兵東歸，以彭城（今江蘇徐州）為國都。

　　後來「鴻門宴」被後人特指有所圖謀、暗藏殺機的宴會。

楚漢之爭

　　公元前二〇六年，項羽入咸陽後，儼然自命為天下共主，分封群臣，他並未遵守當初誰先進咸陽誰為王的約定，將劉邦封到巴蜀漢中一帶為漢王，卻將楚懷王先前許諾封給先入咸陽者的關中之地一分為三，封給三個秦朝降將章邯、司馬欣和董翳分別管轄，即所謂「三秦王」，以牽制劉邦。

　　項羽的分封無法服眾，實際上開啟了新一輪的軍閥割據局面，一些未封王的將領因不滿而先後起兵，劉邦也趁機而起，以韓信為

大將進攻關中，楚漢戰爭全面展開。

劉邦先是滅掉「三秦王」，奪取了關中之地，然後以關中和巴蜀為根據地，趁項羽攻打田榮、彭越的時候，舉兵東下，一直攻入彭城。項羽回軍和劉邦大戰，劉邦因為輕敵而失敗，隨兵退守滎陽，父親妻子都被項羽扣押。

之後劉邦考慮到自己實力較弱，採取了迂迴包圍戰略，以蕭何坐鎮關中指揮，自己親率大軍從正面攻打項羽，又派英布、彭越擾亂楚國後方，斷其糧道。自此，項羽喪失了稱霸優勢，雙方長期對峙，相持不下，終於在公元前二○三年暫時罷兵，並約定以鴻溝（今鄭州北、東至開封、南到淮陽一線）為界，鴻溝以西屬漢，鴻溝以東屬楚，劉邦的父親妻子被放回。楚河漢界即由此而來。

明修棧道，暗度陳倉

項羽進入關中後，封王封侯，將劉邦封為漢王，管理偏遠的漢中地區。為了減輕項羽的戒備，劉邦在退走時，採用謀士張良的建議，將漢中通往關中的棧道全部燒毀，表示無意再返回關中。

但其實劉邦一直沒有放棄爭霸天下的野心，他在漢中養精蓄銳，站穩腳步以後，於公元前二○六年派大將軍韓信出兵東征，攻打關中。韓信出征之前，派了一些士兵去修復以前被燒毀的棧道，擺出要從原路殺回關中的架勢。關中的「三秦王」知道後，便派兵密切關注修復棧道的進展，並派主力部隊在這條路線各個關口要塞加緊防範，以阻攔漢軍進攻。

沒想到韓信一邊在這邊修棧道，迷惑敵人，一邊另派大軍繞道到防備薄弱的陳倉，對關中發動了突襲，一舉打敗了「三秦王」，占領了關中地區，為劉邦統一中原邁出了決定性的一步。這就是成

語「明修棧道,暗度陳倉」的出處。

背水一戰

韓信是漢王劉邦手下的大將,他熟諳兵法,善於排兵布陣。他為劉邦定計,先以暗度陳倉之法攻取了關中,又東渡黃河,打敗並俘虜了背叛劉邦、投靠項羽的魏王豹,接著又率兵三萬向北進攻代王陳餘及其所扶植的趙王歇。

井陘口是位於太行山的險要關隘,西邊是一條長約百里的狹窄驛道,地勢險要,易守難攻,漢軍欲取趙國就得要先通過這條驛道。

趙國謀臣李左車主張將韓信的隊伍逼到崎嶇難行的井陘口,然後深溝高壘堅守,不與漢軍正面交戰,再派三萬精兵繞到敵後切斷漢軍糧道,圍困漢軍。但陳餘認為韓信兵少而疲憊,頗有輕敵之心,於是親率大軍占據有利地形,正面與漢軍交鋒。韓信指揮部隊在離井陘口三十里遠的地方安營紮寨,之後令漢軍主力全部到井陘口的河邊背水列陣。

背水列陣是兵法上的大忌,這無疑增加了陳餘的輕敵之心。不過韓信卻另在半夜時分派兩千輕騎兵繞山間小道到趙軍大營的後方埋伏,預計待趙軍傾巢而出時偷入敵營,換上漢軍旗幟。

第二天韓信首先發動進攻,雙方展開激戰,韓信假裝失敗,退回到水邊陣地,陳餘率兵追擊。而漢軍因背水而戰,毫無退路,所以個個拼死力戰,趙軍久戰不勝,打算退回,轉身一看營壘上已插滿漢旗。趙軍以為漢軍已經捉了他們的將領,於是隊形大亂,四散逃命。此時水邊的漢軍配合趙軍營地的漢軍兩面夾擊,趙軍大敗。

🐉 垓下之圍

當項羽遵守諾言，帶兵東歸，並放回了劉邦的父母妻子之後，劉邦卻聽從了張良、陳平的計謀，帶兵追擊並偷襲項羽。

一開始，韓信、彭越沒有如約出兵幫助劉邦合擊楚軍，劉邦在固陵被項羽打敗。劉邦又接受張良建議，封韓信為齊王，彭越為梁王，以事成後列土封王換取韓信、彭越帶兵相助。三方力量會合後攻打楚軍，楚軍陷入了韓信設下的十面埋伏，首尾不能相接，被漢軍分段擊破，兵力大損，項羽帶兵退到垓下。

公元前二○二年，劉邦率兵在垓下圍攻楚軍，此時劉邦有兵力三十萬，而項羽只有十萬人。劉邦讓士兵唱起楚歌來瓦解楚軍軍心，最後項羽走投無路，糧草絕盡，帶兵突圍至烏江，自覺無顏見江東父老，只好自刎於烏江邊。

垓下之戰是楚漢戰爭的最後一場大戰，劉邦澈底消滅了項羽的殘餘兵力，這場楚漢爭霸最終以劉邦一統天下而告結束。

🐉 霸王別姬

項羽叔父項梁殺人後帶著七歲的項羽一起來到吳中避禍，叔侄便在此結交江東子弟。

吳中虞氏美女虞姬因為仰慕項羽的英名，於是嫁給項羽，虞姬才貌雙全，不僅長得美麗，楚楚動人，而且善於跳舞，她的劍也揮舞得輕盈如水。二人情投意合，項羽出征，虞姬常常陪伴左右。

楚漢戰爭後期，項羽日趨落敗，公元前二○二年，項羽被劉邦的漢軍圍困在垓下，當時兵少糧盡，四面楚歌，項羽見大勢已去，和虞姬在營帳中酌酒對飲，慷慨悲歌：「力拔山兮氣蓋世，時不利

兮騅不逝，騅不逝兮可奈何，虞兮虞兮奈若何？」虞姬也滿懷悲痛之情拔劍起舞，並以歌和之：「漢兵已略地，四方楚歌聲；大王意氣盡，賤妾何聊生。」歌罷，虞姬自刎而死，以斷項羽後顧之憂，盼項羽繼續戰鬥，勝利突圍。項羽率殘兵突圍到烏江，仍被圍困，最後也自刎而死。

項羽與虞姬最後的訣別，成為了無比淒美的千古絕唱。

西漢（公元前二○六年～公元九年）

🐉 劉邦建立西漢

秦朝末年天下大亂，各地割據勢力爭霸一方，欲攻滅秦朝。劉邦和項羽在此時脫穎而出，成為爭奪天下的兩支主要力量。

劉邦聽從謀士的安排，於公元前二○七年十月首先攻入關中，秦王子嬰投降，劉邦攻占秦都咸陽。但由於劉邦當時實力不及項羽，因此未奉行「先入關者為王」的約定，退軍灞上。此後項羽漸握大權，憑藉自己強大的武力攻城掠地，分封諸侯。他和叔叔項梁立楚懷王的孫子熊心為後楚懷王，自封為「西楚霸王」，並將劉邦封在蜀地，將劉邦的國號定為漢。

不久，劉邦開始在自己的封地整頓軍隊，準備進攻項羽，但前期並未占據優勢。雖然劉邦的軍事才能無法與項羽相比，但他善於任用人才，拉攏蕭何、張良、陳平、韓信等人為他效力，因此在爭霸過程中取得優勢，並在最後的垓下之戰中戰勝項羽。

公元前二○二年，劉邦在定陶稱帝，是為漢高祖，先定都洛陽，後來遷都長安。在劉邦建立的漢朝被滅後，劉秀建立另一個漢朝，建都洛陽，後人為區分這兩個漢朝，便根據其都城位置的東西而分為東漢、西漢。長安在西，後人便稱劉邦所建的漢朝為西漢。

白登之圍

　　秦漢之際，匈奴首領冒頓單于即位。公元前二〇一年，冒頓單于發兵圍攻馬邑（今山西朔縣），韓王信向匈奴投降。公元前二〇〇年，匈奴兵繼續南下，冒頓單于派四十萬精兵圍攻晉陽（今山西太原）。

　　此時西漢剛剛立國，經濟凋敝，劉敬力勸劉邦不可輕舉妄動，劉邦不聽，反將其下獄。劉邦親自領兵三十萬出征，卻在平城（今山西大同）白登山中了埋伏，被單于騎兵圍困了七晝夜。後來劉邦採用陳平之計，賄賂單于的關氏（皇后），才得以脫險。劉邦回來後將先前進言匈奴可擊的十幾名使臣處斬，並赦免了劉敬。

　　白登之圍後，劉邦自知漢朝兵力衰弱，不足以打擊匈奴，於是採納了婁敬的建議，以和親來保障邊境的安寧，將漢朝宗室的公主嫁給單于，並贈送豐厚的嫁妝。另一方面又積極進行邊防建設，訓練軍隊，為以後反擊匈奴作準備。

漢初休養生息

　　休養生息是指大動盪或長期戰亂之後，統治者不搞勞民傷財、嚴刑峻法的統治，而是以寬刑薄賦的政策，保養民力，增殖人口，以恢復和發展經濟，鞏固統治。

　　漢高祖稱帝後，經歷了長期戰亂的西漢社會民生凋敝，生產停滯，人口銳減，於是漢高祖吸取秦朝滅亡的教訓，在蕭何的輔佐下，採取道家「黃老治術、無為而治」的理念，實行輕徭薄賦的治理方針，以休養生息，發展經濟。

　　其主要政策有：命令軍隊復員務農，並免除部分徭役；招撫流

民回鄉，返還其舊有的土地和田產；釋放奴婢，戰時賣身為奴的人一律恢復人身自由；重農抑商；減輕田租，由原來的「十稅一」改為「十五稅一」；興修水利等。

休養生息政策自漢高祖開始，歷經幾代皇帝，執行了六七十年，創造了一個比較安定寬鬆的社會環境，促進了農業生產的恢復和發展，最終海內殷富，國力充實，為文景之治的繁榮局面打下了基礎。

🐉 成也蕭何，敗也蕭何

韓信是西漢開國功臣，他熟諳兵法，頗富謀略，是著名的統帥和軍事謀略家。

韓信早年經蕭何舉薦被劉邦任為大將軍，為漢朝的建立立下了功勳，在楚漢戰爭時被劉邦封為齊王，項羽死後改封楚王。劉邦即位後很擔心自己死後政權會旁落他姓，因此為了劉姓政權的長治久安，他決定剷除隱患。

他認為在諸位將領中，功勞最大、才能最強、威望最高的功臣，就是最危險的敵人。而韓信自然首當其衝，公元前二〇一年，劉邦藉口巡遊雲夢，用計生擒韓信，將其押回京城，但念其功高且又無罪證，又赦免了他，改封為淮陰侯。

公元前一九七年，陳豨舉兵謀反，韓信不肯隨高祖征討，被人告密為陳豨的同謀。於是，呂后和蕭何密謀，偽造陳豨已死的消息，騙韓信進宮祝賀，然後將其誅殺，並株連三族。

韓信的成功是由於蕭何的大力推薦，韓信的敗亡也是蕭何出的計謀，因此有「成也蕭何，敗也蕭何」的說法。後人用「成也蕭何，敗也蕭何」來比喻事情的成敗、好壞都是由一個人造成的。

漢高祖殺馬立誓

劉邦建立漢朝後，將立下大功的人封為諸侯王，但他卻對這些人心存疑慮，怕自己死後，他們會威脅到劉姓的統治，於是開始剪除異姓諸侯王和功臣的勢力。同時又大封劉姓諸侯，實行郡國制，以保劉氏江山穩固。

劉邦晚年，以呂后為首的外戚勢力不斷強大，成為劉氏江山的另一個威脅。公元前一九五年，劉邦感覺自己將要不久於人世，於是召集所有的文武大臣來到太廟。劉邦讓手下人牽來一匹白馬，親自主持了殺馬儀式。他說：「現在我在這裡當著祖宗的靈位，為子孫後代留下一條不許違反的信條，希望大家發誓遵守，從今以後，不是姓劉的人，一概不許封王；凡是沒有立大功的人，一律不許封侯。誰要是違反這個盟約，天下人就共同討伐他！」這就是漢高祖的白馬之盟，其主要內容是「非劉氏而王，天下共擊之」的盟誓。

這個盟誓一直被遵守，使得劉氏統治得以鞏固，但也造成了同姓諸侯勢力過大的局面，最終在漢景帝時發生了七國之亂。

呂后專權

呂后，名雉，山東單父（今山東單縣）人，早年在沛縣嫁給劉邦，曾輔佐劉邦奪取天下。劉邦稱帝後，呂雉被封為皇后，參與朝政，曾幫助劉邦剷除了韓信等異姓諸侯王。

漢高祖死後，呂后殘殺曾與惠帝爭奪皇位的趙王如意及其生母戚夫人，將戚夫人斬去手腳，薰聾雙耳，挖掉雙眼，又毒啞後，拋入茅廁任人踐踏，稱為「人彘」。

公元前一九五年，漢惠帝即位後，消極懦弱，呂后即執掌

政權。

漢惠帝死後，呂后先後扶植惠帝的兩個庶子劉恭、劉弘為傀儡皇帝，而將政權牢牢掌握在自己手中。呂雉違背劉邦異姓不得封王的「白馬之盟」，大肆分封呂姓人為王，以其姪呂產、呂祿等取代劉姓王掌握軍政大權，打擊和削弱劉氏皇族的勢力，掌權長達八年，直到去世。

公元前一八〇年，呂后死後，諸呂集團企圖奪取皇位，周勃和陳平等人設計奪取了兵權，斬殺呂產等人，結束了呂后專權的局面。之後眾位大臣廢掉少帝劉弘，迎立當時為代王的劉恆繼承帝位，是為漢文帝。

呂后專權開啟了外戚專權的先河，她成為中國歷史上第一個臨朝稱制的女性。

蕭規曹隨

劉邦建立漢朝後，蕭何擔任丞相，他參考秦朝的文獻，制定了管理國家的典章制度。

公元前一九三年，蕭何在臨死之前，推薦了曹參繼任丞相。曹參上任後，認為蕭何定下的法令已經很完備，就繼續推行蕭何制定的方針政策，嚴格按照蕭何制定的法令規章辦事，不作任何改動。

漢惠帝劉盈很看不慣曹參的無所作為，於是將他叫來質問。曹參大膽對惠帝說：「請陛下好好地想想，您跟先帝相比，誰更賢明英武呢？」惠帝立即說：「我怎麼敢和先帝相提並論呢？」

曹參又問：「陛下看我的德才跟蕭丞相相比，誰強呢？」漢惠帝笑著說：「我看你好像不如蕭相國。」

曹參回答說：「既然先帝比陛下更加賢明，而蕭丞相比我更加

具有才德，那麼先帝與蕭丞相統一天下之後制定的法令非常完備，在執行中又卓有成效，我們遵照執行難道不好嗎？現在陛下是繼承守業，而不是在創業，因此，我們這些做大臣的，就更應該遵照先帝遺願，謹慎從事，恪守職責。」

曹參任丞相三年，遵照蕭何制定的法規治理國家，延續了漢高祖休養生息的政策，使西漢政治穩定，經濟發展，人民安居樂業。受到老百姓的讚譽，「蕭規曹隨」傳為美談。

漢文帝從諫如流

漢文帝劉恆是漢高祖劉邦的第四個兒子，漢惠帝劉盈之弟，母親薄氏，是漢朝的第五位皇帝。

漢朝初年，周勃和陳平等大臣剷除呂氏集團，平定呂后之亂後，決定擁立一位皇子為皇帝，為了不再重蹈呂后外戚專權的覆轍，他們考慮的首要因素就是皇子的母親家族勢力不能太大。代王劉恆是當時劉邦所有兒子中最年長的一位，為人仁孝寬厚，而且其母親薄氏家清白仁善，沒有很強的勢力。因此眾大臣迎立劉恆即位，是為漢文帝。

漢文帝即位後衣著樸素，崇尚節儉，他仁厚謙恭，認真聽取臣下的意見，是一位從諫如流的好皇帝。漢文帝在位期間勵精圖治，興修水利，廢除酷刑，繼續執行與民休息和輕徭薄賦的政策，使漢朝進入了經濟發展、政治穩定的強盛時期。

賈誼曾向漢文帝獻上《過秦論》、《治安策》等文章，陳述治國安天下的道理，得到了漢文帝的賞識。公元前一六四年，齊王劉則死後，無子嗣位，漢文帝根據賈誼「眾建諸侯而少其力」的建議，將齊國一分為七，又將其中的淮南國一分為三。但這並沒有從根本

上削弱諸侯王的勢力，中央和王國的對立依然存在，最後仍是發生了漢景帝時期的七王之亂。

施行養老令

公元前一七九年，漢文帝頒行養老令。漢朝建立之初，曾有在過年時省視、慰問老人的做法，但後來逐漸流於形式。文帝即位後推行休養生息的政策，他將養老立為法令，頒行全國。

法令規定，凡是年八十以上的老人，每人每月賜米一石，肉二十斤，酒五斗；九十以上的老人，加賜帛每人二匹，絮三斤。養老令還對這些養老措施做了具體安排，以確保能夠落實。由地方政府普查人口，對高齡老人進行登記造冊；當賜的物、米等物，地方長官必須親自過問，九十以上的老人由丞或尉送交，不滿九十的由嗇夫、令史送交；不按照法令執行的要督促處罰。但法令規定，曾經犯罪或有待罪未解決的老人不適用於此法令。

李廣抗擊匈奴

李廣，隴西成紀（今甘肅靜寧西南）人，出生於名將世家，先祖是秦朝名將李信。李廣身高過人，猿臂善射，相傳他外出狩獵時曾將箭射入石頭之中，他為人清廉，愛惜士卒，深得士兵愛戴。

公元前一六六年，漢文帝在位時，李廣從軍攻打匈奴立功，受封為中郎。漢景帝時，先後任北部邊域七郡太守。公元前一二九年，漢武帝時，李廣任驍騎將軍，領萬餘騎出雁門（今山西右玉南）擊匈奴，因眾寡懸殊負傷被俘。匈奴兵將其置臥於兩馬間，李廣佯死，於途中趁隙躍起，奪弓掠馬而回，被漢武帝廢為庶人。

後匈奴入侵遼西，漢武帝重新起用李廣任右北平郡（今內蒙古

寧城西南）太守，匈奴畏懼其威名，數年不敢來犯。

公元前一一九年，漢武帝派衛青率領大軍遠擊匈奴，李廣任前將軍，受命迂迴匈奴單于側翼，因迷失道路，未能參戰，加上不堪忍受衛青的排擠，遂於軍營中憤愧自殺，享年六十餘歲。

李廣一生中抗擊匈奴四十多年，率領大大小小的戰役七十餘次，頗有威名，被匈奴稱為「飛將軍」，但卻仕途不順，終其一生未能封侯。

🐉 文景之治

漢文帝劉恆和漢景帝劉啟在位期間，繼續推行漢高祖「無為而治」的治國思想和與民休息的政策，宣導以農為本，並在此基礎上有所調整，進一步採取了輕徭薄賦的措施：規定百姓可以用糧食向政府買取官爵和贖罪，以實現勸民歸農，增加糧食生產的目的；進一步實行輕徭薄賦，將田租由漢初的「十五稅一」減為「三十稅一」，還曾經全天下免除田租十一年；又將抑商政策改為寬商政策，使商業和手工業迅速發展；減輕刑罰，廢除了斷殘肢體的肉刑等。

文景二帝都是道家思想的推崇者，主張無為而治，重視以德化民，提倡節儉，緊縮開支，因此社會經濟迅速發展，國家財富不斷增多，社會秩序更加安定。

當時百姓富裕，天下安康，後世將這兩位皇帝在位期間的統治稱為「文景之治」，被史家奉為賢明帝王的典範。

🐉 景帝削藩

西漢初建時，劉邦在逐步消滅異姓王的同時，大封劉姓子弟為

王，認為這是天下同姓一家，可以維護劉姓的統治。

漢文帝繼位後，採用賈誼「眾建諸侯而少其力」的策略，把一些舉足輕重的大諸侯國拆為幾個小國，以削弱諸侯王的勢力，鞏固中央的統治，但是諸侯王對中央的威脅並沒有徹底解決。公元前一五七年，漢景帝繼位後，中央和地方王國勢力的矛盾更加尖銳，各諸侯王不斷擴大領地，並組織私人武裝，截留賦稅，鑄造錢幣等，對中央的統治構成了極大的威脅。

大夫晁錯建議漢景帝削減王國的封地，以加強中央對地方的控制。景帝採納了晁錯的「削藩」主張，於公元前一五四年，削了楚、趙、膠西三王的二郡六縣，並打算削減吳王劉濞的會稽和豫章二郡。

「削藩」之策有利於加強中央對地方的統治，但損害了諸侯王的利益，因此激起了他們的強烈反抗，最終導致了以吳王劉濞為首的七王之亂。

七國之亂

七國之亂又稱七王之亂，是西漢初期，以劉邦之侄吳王劉濞為首發動的一次同姓王聯合大叛亂。

西漢開國以來，對異姓諸侯大加抑制和鎮壓，劉姓諸侯的勢力不斷擴大，威脅到了中央的統治。於是，漢景帝接受了晁錯的建議，實行削藩，以鞏固中央政權，因而引起了劉姓諸侯的不滿。

公元前一五四年，吳王劉濞串通其他六個劉姓諸侯：楚王劉戊、膠西王劉卬、膠東王劉雄渠、淄川王劉賢、濟南王劉辟光、趙王劉遂等，集結二十萬兵力，打著「誅晁錯，清君側」的名義，興兵作亂。

七國亂事一起，景帝惶恐萬分，遂聽從眾臣意見，殺了晁錯，以期息事寧人，乞求叛軍退兵。但叛軍仍然不退，還公開聲明要奪取皇位，在行至梁國時為景帝之弟劉武率兵阻攔。至此景帝才決心以武力進行鎮壓，派遣太尉周亞夫與大將竇嬰率兵平叛。

漢軍以奇兵斷絕了叛軍的糧道，僅用三個月便大破叛軍。劉濞兵敗被殺，其餘六王皆畏罪自殺，七國都被廢除。

七國之亂平定之後，景帝即頒布新令，規定諸侯王不能自治其國，這樣封國幾乎和郡縣差不多了，中央皇權大為加強。

張騫出使西域

張騫，字子文，漢中郡成固（今陝西省城固縣）人，中國漢代旅行家，外交家，卓越的探險家。

漢武帝時期，開始對匈奴展開大規模的反擊戰爭。公元前一三九年，張騫率領一百多名隨從，出使西域的大月氏國，打算與月氏人結盟來對付匈奴人，可惜中途被匈奴俘虜，被迫留在匈奴十年。

不過他始終沒有忘記漢武帝交付的使命，公元前一二九年，張騫終於和隨從堂邑父逃出了匈奴了控制。他們向西到達大宛，在這裡看到了汗血馬，並在大宛人的幫助下找到了月氏人，只是月氏人安居樂業，已無意聯合漢朝來對付宿敵匈奴。

張歷盡千辛萬苦，終於在公元前一二六年返回中原。

公元前一一九年，漢武帝命張騫為中郎將，再度出使西域，意圖聯合烏孫共同夾擊匈奴，隨行人員三百人，牛羊以萬計，絲綢、漆器、玉器和銅器等貴重物品成千上萬。張騫平安抵達烏孫國後，受到熱烈的歡迎。此後張騫派遣副使，展開對烏孫周邊地區大宛、康居、大月氏等部族的外交活動。

公元前一一五年，張騫帶領數十位烏孫國使者平安返回。

張騫兩次出使西域，雖是因為政治目的，但更大的意義在於搭起了中原與西域各地的關係，開拓了漢朝通往西域的道路，為絲綢之路的形成奠定了基礎。

開闢絲綢之路

漢武帝大規模地反擊匈奴，暢通了河西走廊一線，而張騫兩次出使西域則開闢了通往西方的道路，搭起了與西域各國之間的關係，從而使中國與西域及中亞、西亞的交流更加便捷，促進了中西方的經濟文化交流和商品貿易，開啟了中外交流的新紀元。之後，漢朝又在令居（今甘肅永登）以西修築道路，設置亭驛，方便商人和使者來往，從而形成了從中國通往中亞、西亞的交通幹道。

這條幹道以長安、洛陽為起點，從玉門關往西，經甘肅、新疆到達中亞、西亞，並最終延伸到了地中海各國。從此中外商人來往頻繁，絡繹不絕地行走於這條大道，中國的絲織品、鐵器、漆器、陶瓷以及煉鋼等技術源源不絕地傳到了中亞、西亞和歐洲各國，而西方的良馬、胡桃、石榴、芝麻、香料以及樂器等也持續不斷地輸往了中國。

因為經這條路西運的貨物中以絲綢品的影響最大，所以這條大道被命名為「絲綢之路」，簡稱「絲路」。絲綢之路從此成為亞洲和歐洲、非洲各國經濟文化交流的友誼之路。

罷黜百家，獨尊儒術

漢武帝即位後，內部經濟繁榮，社會穩定，外部解除了匈奴的

威脅，開闢了溝通中西關係的絲綢之路，國家達到空前鼎盛。

此時，擴大皇權，加強對人民的控制，從政治上和經濟上強化中央集權成為統治者的迫切需要。這時，董仲舒提出了大一統思想，他強調君權，認為應人人尊君，以加強中央集權，認為要鞏固國家統一，就用儒家思想來統一全民思想，這就是「罷黜百家，獨尊儒術」的主張。

漢武帝採納了他的建議，尊崇儒家，罷黜其他諸子學說，使儒家思想代替了漢初以來所推崇的道家思想。董仲舒思想的核心是「天人感應」，他因此推出的結論是皇帝受命於天，人人都得服從，誰敢反對，就是大逆不道，從而強調了皇權的至高無上。

董仲舒還將孔子、孟子關於君臣父子的宗法觀念發展為「三綱」，即君為臣綱，父為子綱，夫為妻綱，確立了君、父、夫絕對的統治地位。又將仁、義、禮、智、信發展為「五常」，作為統治階級調整「三綱」關係的道德規範。

董仲舒的思想宣揚了封建制度的神聖性和永恆性，有利於加強封建君主制的中央集權統治，配合了統治階級的需要。此後漢武帝將儒學列為官學，專門創辦太學，講授儒家經典，並以此作為選拔和考核官吏的標準，而後世的封建統治者大多以此為效仿，使儒學成為了整個封建社會的統治思想。

衛青、霍去病遠征匈奴

漢武帝即位後，在文景之治的基礎上，西漢的經濟實力空前雄厚，軍事力量也日漸強大，具備了反擊匈奴的實力。於是，漢武帝對匈奴展開了全面的軍事反擊，以澈底消除匈奴對中原地區的威脅。公元前一二七年，匈奴集結兵力，侵入上谷、漁陽，漢武帝派

衛青率兵四萬人，出兵至隴西，擊敗了匈奴，收復了河南地（今河套地區）。

公元前一二五年，匈奴再次南侵，企圖奪回河南地，衛青再次領兵三萬，大敗匈奴，追至塞北六七百里，解除了匈奴對長安的威脅。公元前一二一年，漢武帝派衛青的外甥，年僅二十歲的驃騎將軍霍去病領兵出征，深入匈奴境內一千餘里，奪取了河西地區，肅清了中原和西域之間的通道。

公元前一一九年，匈奴騎兵再次南侵，漢武帝決定澈底擊敗匈奴，遂派衛青和霍去病帶領十萬騎兵和數十萬步兵，分兩路出擊。衛青一路追擊匈奴單于到定襄塞外千餘里，取得大勝；霍去病從代郡（今河北蔚縣）北進兩千餘里，大敗匈奴右賢王，俘虜七萬餘眾。

此戰消滅了匈奴的主力，使其退到漠北，澈底解除了對漢朝的威脅。

修築長城

西漢初期，北方的匈奴勢力強大起來，多次南侵，為使邊疆安寧，漢武帝多次採取大規模的軍事行動攻打匈奴，並修築了塞外列城和河西長城，漢長城的總長度約有一萬公里，是中國古代最長的長城。

公元前一二七年，衛青等人在漠南之戰中收復了河套地區，漢武帝遷徙十萬人去河套地區居住和墾荒，並在那裡設立朔方郡，修築朔方城和修繕秦朝的舊長城。

公元前一二一年，霍去病在河西之戰中大敗匈奴，奪取了河西走廊之後，漢武帝又在那裡設置武威、酒泉兩郡，並移民居住，同

時開始建造東起令居（今永登縣）境內黃河西岸，沿河西走廊，西達酒泉北部的「令居塞」長城，即河西長城。後來又在河西走廊增設了張掖、敦煌兩郡，在河西四郡的基礎上，又修築了從敦煌西即玉門至鹽澤的長城。

河西長城的修建有利於河西地區的發展，對西域都護府的設置和絲綢之路的開闢都具有重要意義。

施行推恩令

推恩令是指漢武帝時期推行的一個旨在減少諸侯封地，削弱諸侯王勢力範圍的一項重要法令。

漢武帝之前，各個諸侯王死後，他們的爵位和封地都是由嫡長子單獨繼承，其他兒子則無權繼承絲毫土地。這樣，諸侯王的勢力不斷強大，有很多人屬地千里，掌握著數十個城，嚴重威脅著中央的統治。漢文帝和漢景帝期間採取的削藩政策，不僅激起了諸侯王的不滿，而且沒有從根本上解決問題。於是漢武帝即位以後，吸取了晁錯削藩令引起七國之亂的教訓，於公元前一二七年採納了主父偃的建議，實行「推恩令」。

其規定諸侯王除了嫡長子可繼承王位之外，其餘諸子在原封國內封侯，新的封國不再受王國管轄，而直接由各郡來管理，地位相當於縣。這個措施避免了對諸侯王國進行削藩，從而消除了激起諸侯王武裝反抗的可能，同時達到了削弱諸侯國勢力的目的，導致封國越分越小，從此「大國不過十餘城，小侯不過十餘里」，而朝廷直接管轄的土地則越來越大。

推恩令在沒有遭到反抗的情況下，解決了歷代皇帝頭疼的問題，極大地鞏固了中央集權，不愧是明智之舉。

漢武帝設立太學

太學之名始於西周，是中國古代的大學，是漢代開始出現的設在京師的全國最高教育機構。

西漢早期，黃老之學盛行，只有私家教學，沒有政府設立的傳授學術的學校。漢武帝罷黜百家、獨尊儒術之後，採納董仲舒「興太學，置明師，以養天下之士」的建議，於公元前一三五年在長安建立太學。

最初太學中只設五經博士，專門講授儒家經典，儒家被列入官學，成為統治階級的正統思想。從武帝到新莽，太學中科目及人數逐漸加多，開設了講解《易經》、《詩經》、《尚書》、《禮記》、《公羊傳》、《穀梁傳》、《左傳》、《周官》、《爾雅》等的課程。

漢元帝時博士弟子達千人，漢成帝時增至三千人。

王莽上臺後，為了樹立自己的聲望並籠絡廣大的儒生，在長安城南興建辟雍、明堂，又為學者築舍萬區，博士弟子達一萬餘人，太學規模之大，前所未有。政府還會每年考察博士弟子，入選的可當官晉爵。

漢武帝設立刺史

西漢的刺史制度是對秦代監御史制度的繼承。秦始皇統一六國以後，建立了一套地方監察制度——監御史制度。將天下分為三十六郡，分別設立監察史。

漢高祖時期，監御史制度曾經一度被取消，到漢惠帝時又得以恢復。漢武帝即位後，為了加強對地方的控制，創建了刺史制度。漢武帝將全國劃分為十三個州部，分別是冀州、青州、兗

州、徐州、揚州、荊州、豫州、益州、涼州、幽州、并州、交
趾、朔方。每州為一個監察區，分別設置刺史一人，負責監察所
在州部的郡國。

刺史每年秋天巡查郡國，其職權有明確的規定，即「奉詔六條
察州」，凡地方官吏不奉詔書、虐待百姓、察舉不公、子弟不法或
與豪強勾結者，直接上奏皇帝，予以制裁。公元前八九年，漢武帝
又在京城設立司隸校尉，監察京師百官。

刺史是一種比較完善的地方監察制度，有利於抑制地方豪強勢
力，加強中央對地方官僚機構的控制。

漢武帝制定《太初曆》

農事活動和四季變化、時間更迭密切相關，所以曆法是隨著農
業生產的發展而出現的。中國的農業生產歷史悠久，古代曾制定過
許多曆法，而西漢的《太初曆》是第一部比較完整的曆法。

西漢初年沿用的是秦朝的《顓頊曆》，但其有一定的誤差。漢
武帝太初元年（公元前一〇四年），下令司馬遷與鄧平、唐都、落
下閎等共同制定了《太初曆》，漢成帝末年，劉歆又對其進行了重
新編訂，改稱《三統曆》。

《太初曆》規定一年等於 365.2502 日，一月等於 29.53086 日；
將《顓頊曆》中以十月為歲首改為以正月為歲首；首次將二十四節
氣編入曆法；以沒有中氣的月份為閏月，調整了太陽周天與陰曆紀
月不相合的矛盾；它還首次記錄了五星運行的週期。

《太初曆》的制定是中國曆法上一個劃時代的進步，它不僅是
中國第一部比較完整的曆法，也是當時世界上最先進的曆法。

蘇武牧羊

衛青、霍去病大敗匈奴之後，匈奴和漢朝很久沒有再打過大仗，但一直時戰時和，有時候會互派使者表示友好，雙方也都扣留了一些對方的使者。

公元前一百年，漢武帝欲出兵攻打匈奴，匈奴派使者來求和，還把扣留的漢朝使者都放了回來。漢武帝為答覆匈奴的善意，派中郎將蘇武拿著符節，帶著副手張勝和隨員常惠出使匈奴。

在此之前，曾有一個生長在漢朝的匈奴人衛律，他在出使匈奴後投降了匈奴，被單于封為王。蘇武來到匈奴後，衛律的屬下虞常犯上作亂被抓，而蘇武的副手張勝因為是虞常朋友而受牽連，蘇武因此也被扣留。匈奴貴族威逼利誘想使蘇武投降，可他誓死不肯屈服，於是被流放到北海（今貝加爾湖）放羊，匈奴揚言要公羊生子才釋放他回國。漢昭帝時，與匈奴實行和親政策，雙方關係有所緩和，公元前八一年，蘇武終於獲釋回漢。

蘇武出使匈奴時四十歲，回到中原的時候已經鬚髮全白了。蘇武歷盡艱辛，留居匈奴長達十九年，能持節不屈，實在是可歌可泣，他因此受到人民的尊敬。

蘇武回漢後，官至典屬國，俸祿二千石，賜錢二百萬，官田二頃，住宅一處。蘇武死後，漢宣帝將其列為麒麟閣十一功臣之一，以表彰其節操。

司馬遷撰《史記》

司馬遷，字子長，公元前一四五年出生於西漢夏陽（今陝西韓城），西漢時期偉大的史學家、思想家、文學家。他的父親司馬談

頗有才華，是漢武帝時期的太史令，曾著有《論六家要旨》一文，對春秋戰國以來的諸子百家思想進行了概括和總結。

司馬遷幼時聰慧，從小受到良好的教育，十歲時跟隨父親在京師學習經史，得以博覽群書，成年後又遊覽各地，考察古跡，為以後撰寫史書積累了資料。

司馬談去世後，公元前一〇八年，司馬遷承襲父職，任太史令，同時他也繼承了父親的遺志，準備撰寫一部通史。公元前一〇四年，他潛心修史，專心寫作，開始了《史記》的寫作。

公元前九七年，「飛將軍」李廣的孫子李陵在出擊匈奴時兵敗被俘，投降匈奴，漢武帝震怒，欲誅殺其全家。身為李陵好友的司馬遷挺身而出，為其辯護，漢武帝大怒，以「誣罔」（欺騙皇帝）的罪名將其處以腐刑。司馬遷忍受著屈辱，以常人所不能及的毅力，潛心創作二十年，終於完成了震鑠古今的《太史公書》，被後人稱為《史記》。

《史記》記載了上自中國上古傳說的黃帝時代，下至漢武帝元狩元年，共三千多年的歷史，是中國第一部，也是最著名的紀傳體通史，不僅有重要的史料價值，而且是文學中的精品，被魯迅譽為「史家之絕唱，無韻之離騷」。

漢賦和樂府詩的盛行

漢賦是受屈原《楚辭》影響，在漢代發展起來的一種長篇韻文，其體裁介於詩歌和散文之間。漢賦大多是描寫宮室的浮華生活，為統治者歌功頌德。

漢武帝時經濟發達，國力強盛，為漢賦的新興提供了雄厚的物質基礎，而統治者的喜愛和提倡，使文人士大夫爭相以寫賦為能

事，漢賦成為漢代四百年間文人創作的主要文學樣式。在後期又出現了大賦和小賦，大賦規模宏大、氣勢磅礴、富麗堂皇，而小賦則多為文采清麗、譏諷時事、抒情詠物的短篇。

樂府詩則是流行於民間的五言詩，漢武帝時，為了滿足宮廷娛樂和祭祀的需要，廣泛搜集各地民歌，進行加工後成為樂府詩。

樂府詩因為來源比較雜，所以內容廣泛，反映了多種樣貌的社會生活，有一定的史料價值。如長篇敘事詩《孔雀東南飛》就反映了焦仲卿和劉蘭芝兩人在封建禮教摧殘下的婚姻悲劇，是漢代樂府詩的傑出代表，而《十五從軍征》則寫了一個長期服役的老兵在年老後回到家鄉時的情景，對於我們瞭解當時人們的生活狀況很有參考價值。

巫蠱之禍

巫蠱之禍是漢武帝末年宗室內部發生的重大政治事件。

巫蠱為一種巫術，即將木偶人埋於地下，並詛咒所怨者，傳統迷信認為這可以害人。漢武帝晚年多病，於是懷疑是被周圍的人用巫蠱所害。公元前九一年，丞相公孫賀之子公孫敬聲被人告發與陽石公主私通，並埋木偶人，用巫術詛咒漢武帝。公孫賀一家被斬殺，皇后衛子夫所生的兩個女兒陽石公主、諸邑公主和衛青之子長平侯衛伉也因牽連其中而被殺。

漢武帝命寵臣江充追查巫蠱之事，而江充因與太子劉據素來不和，擔心劉據即位後會對自己不利，於是聯合案道侯韓說、宦官蘇文等人誣陷太子。江充拿著事先準備好的桐木人，向漢武帝報告說是從太子府挖出來的。太子走投無路，遂藉口江充謀反，命武士將他斬首示眾，宦官蘇文跑去報告武帝說太子造反。武帝信以為真，

便發兵追捕，而太子也發兵抗拒。其母皇后衛子夫聽說後就自殺
了，而太子也最終因無處可逃而上吊自殺。

後來田千秋等人上書為太子申冤，武帝殺江充三族，燒死蘇
文，又修建「思子宮」，以寄哀思。

霍光輔政

霍光，字子孟，西漢時期河東平陽（今山西臨汾）人，是名將
霍去病同父異母的弟弟。

公元前八七年，漢武帝臨死之前，立鉤弋夫人之子、年僅八歲
的劉弗陵為帝，是為漢昭帝，並指定霍光為大司馬、大將軍，和金
日磾、上官桀、桑弘羊一同輔佐漢昭帝。

在輔佐昭帝期間，霍光得到漢昭帝的全面信任，因而得以獨攬
大權，成為實際上的決策者。霍光對內繼續採取休養生息的措施，
鼓勵農業，國家經濟穩定發展，對外與匈奴恢復和親政策，緩和了
敵對關係。

這段時間內，自文景之治後被武帝窮兵黷武政策所耗空的國力
得到了恢復。漢昭帝雖然年幼，卻十分機智英明，上官桀因為和霍
光結怨，曾聯合蓋長公主、燕王劉旦等人，假託燕王的名義向漢昭
帝上書，誣陷霍光不忠，打算一舉將其擒殺。但當時年僅十四歲的
昭帝一下就識破了他們的陰謀，並對霍光表示安撫。之後上官桀等
人又打算發動政變，殺掉霍光，廢黜昭帝，立燕王為帝，但計畫洩
漏，被霍光所殺。

公元前七四年，年僅二十二歲的漢昭帝駕崩，他沒有兒子，霍
光迎立漢武帝之孫昌邑王劉賀即位。但劉賀即位後整天吃喝玩樂，
荒淫無道，因此即位二十七天之後就被霍光廢掉了。霍光同群臣商

議後，從民間迎接漢武帝的曾孫劉詢繼承皇位，即漢宣帝。

霍光廢劉賀而立的漢宣帝成為中國歷史上的一代明君，他因此而常被人和伊尹並提，稱為伊霍。

昭宣中興

漢武帝即位後窮兵黷武，加之好大喜功，大造宮室，揮霍浪費，又好神仙方士，致使民力枯竭。武帝末年，由於長時期的攻打外族和嚴刑峻法，從而導致階級矛盾日益尖銳，農民起義不斷。在民怨沸騰的情況下，晚年的漢武帝幡然悔悟，下《輪台罪己詔》，表示不再擾民，要致力於發展民生，與民休息。

漢武帝死後，昭帝、宣帝相繼當政，西漢歷史進入昭宣時期。這一時期，統治者採取了一系列鼓勵農業、減輕刑法的措施，從而促進了農業生產的發展和社會的穩定，緩和了社會矛盾，改變了武帝末年人人自危，大臣「安危不可知」的恐怖局面，使一度風雨飄搖的西漢王朝再次興盛起來。

這段時期被稱為「昭宣中興」，又稱「昭宣之治」。

設立西域都護府

西漢初年，在對匈奴的戰爭取得重大勝利後，尤其是在張騫通西域、李廣利伐大宛之後，為保障西域通商之路的通暢，將西域納入朝廷軍隊的勢力範圍，漢宣帝神爵二年（公元前六〇年），西漢政府在自敦煌往西至鹽澤（今羅布泊）的區域內設立了西域都護府。

西域都護府設立在烏壘城（今新疆輪台東北），其最高軍政長官是西域都護，鄭吉被任命為首位都護，統管絲綢之路北道、南道

各國。在西漢時期，都護是加在其他官號上的職稱，一般由騎都尉或諫議大夫兼領，領二千石俸。在東漢年間則成為單任官職。

西域都護府的設置，第一次將天山南北置於中央朝廷的統治之下，標誌著西漢對西域的統治已經完全確立。

昭君出塞

王昭君，名嬙，字昭君，被譽為中國古代四大美人之「落雁」。

原為西漢南郡秭歸人，漢元帝時期被選入宮為宮女。王昭君相貌出眾，但因品格高尚，不屑於用各種手段謀得皇帝寵愛，因此入宮數年後都沒有見到皇帝。

此時北方的匈奴已分裂為五個單于，其中的呼韓邪單于一直和漢朝交好。公元前三三年，呼韓邪單于再次親自來到長安，要求同漢朝和親。漢元帝決定挑選一個宮女當公主嫁給呼韓邪單于。王昭君聽說後請求出塞和親，被漢元帝封為永安公主，嫁給了呼韓邪單于。

她到匈奴後，被封為「寧胡閼氏」（閼氏，即王后），象徵她將給匈奴帶來和平、安寧和興旺。昭君出塞和親為漢與匈奴之間結束戰爭，加強友好關係作出了重要貢獻。後來呼韓邪單于在西漢的支援下控制了匈奴全境，從而使匈奴與漢朝和好達半個世紀。

王昭君死後，葬於「青塚」（位於今內蒙古呼和浩特城南）。昭君出塞的故事被千古傳唱，後人根據這個故事創作了大量的詩歌、戲劇等藝術作品。

王莽篡位

王莽是漢元帝皇后王政君的姪子，其家族在西漢地位顯赫，

王莽幼年時父親王曼去世，他飽讀詩書，生活儉樸，禮賢下士，常把自己的俸祿分給門客和窮人，甚至賣掉馬車接濟窮人，因此聲名遠播。據說他的兒子殺死家奴，王莽逼其兒子自殺，因此得到世人好評。

王莽於公元前八年繼他的三位伯、叔之後出任大司馬。

公元前一年，漢哀帝去世後，九歲的漢平帝即位，皇太后王政君掌握傳國玉璽，她臨朝稱制，讓王莽做輔政大臣，出任大司馬，兼管軍事令及禁軍，並於公元一年封爵為「安漢公」。公元五年，王莽毒死漢平帝，立年僅兩歲的孺子嬰為皇太子，太皇太后命王莽代天子管理朝政，稱「攝皇帝」。

至公元九年元旦，王莽直接篡位稱帝，登基成為君主，改國號為「新」，年號「始建國」，西漢王朝就此結束。王莽開啟了中國歷史上篡位做皇帝的先河。

🐉 王莽改制

西漢後期，土地兼併以及奴婢、流民問題成為當時嚴重的社會問題，階級矛盾不斷激化，王莽代漢稱帝以後，試圖從危機中尋求出路，於是在政治、經濟制度上進行了一系列的變革，俗稱「王莽改制」。

針對土地兼併嚴重的問題，王莽以王田制為名恢復井田制，下令將全國土地改稱王田，還規定了重新分配土地的辦法；針對奴婢問題，王莽規定「奴婢」改稱「私屬」，不得買賣，違令者治罪；他還附會《周禮》，仿照周朝的制度推行復古改革，他改革官制，並下令把鹽、鐵、酒及山林川澤等收歸國有；他還四次改變幣制，使市場造成了一定的混亂。

此外，王莽還強迫其他少數民族的首領接受「新」國印璽，並隨意改變他們的封號，如由「王」降為「侯」等，從而激化了民族間的衝突。王莽改制是在社會動盪不安的情況下進行的，當時的形勢已經是山雨欲來，而他在改革中又一味慕古，不切實際，因此遭到了貴族和下層民眾的反對，最終失敗。

公元一七年，各地農民紛紛起義，形成了赤眉及綠林大規模的反抗。公元二三年，綠林軍攻入長安，王莽在混亂中為商人杜吳所殺，校尉公賓斬其首，懸於宛市之中，新朝滅亡。

🐉 綠林、赤眉起義

王莽改制失敗後，社會更加動盪，天災人禍導致農民起義不斷，嚴重打擊了封建統治，其中以綠林起義和赤眉起義影響最大。

公元一七年，南方荊州一帶發生饑荒，老百姓生活困苦，新市（今湖北京山）王匡、王鳳組織了以綠林山為根據地的武裝起義，史稱「綠林軍」。綠林軍劫富濟貧，除暴安良，得到老百姓的回應，很快發展壯大起來。

公元二二年，義軍攻占昆陽、定陵、郾縣等地。王莽派王尋、王邑率軍鎮壓，但在昆陽之戰中遭到慘敗。綠林軍乘勝攻占了洛陽、長安等地，長安陷落後，王莽被殺，綠林軍首領劉玄稱帝，恢復漢的國號，年號「更始」。

綠林起義的第二年，琅琊人樊崇率眾在莒（今山東莒縣）起事，在泰山一帶建立了根據地，他們因將眉毛染紅，以別於政府軍，因此被稱做赤眉軍。後來赤眉軍的勢力不斷壯大，擴展到了青州、徐州、兗州、豫州等地，經常攻擊官府，不斷吸納窮苦的老百姓加入隊伍，最後竟達到了十萬人以上。

公元二二年，王莽派王匡、廉丹率領十萬軍隊進攻赤眉軍，慘遭挫敗。王莽死後，赤眉軍先是願意投降於綠林軍擁護的更始，後來雙方又開戰。公元二五年，更始軍內部產生矛盾，赤眉軍攻入長安，殺死劉玄，擁立漢朝遠族後裔十五歲的劉盆子為帝，號「建世」。

公元二七年，赤眉軍被劉秀打敗，樊崇被殺。

劉秀起兵

劉秀，字文叔，漢高祖九世孫，與更始帝劉玄是同一個高祖父劉買，南陽郡蔡陽縣人，為當地的豪族。

西漢末年，南方饑荒，天下大亂，農民起義此起彼伏，劉秀和其兄劉縯趁機起兵，與綠林軍共同擁護更始帝劉玄。

公元二三年，王莽派王尋、王邑率軍鎮壓綠林軍，雙方大戰於昆陽，劉秀率綠林軍一萬人打敗王莽軍四十萬人，殺其主帥王尋，取得昆陽大捷。此後劉縯兄弟威望大增，但遭到了劉玄的猜忌，劉縯被殺死。後劉玄遷都洛陽，派劉秀巡視黃河以北，並招撫農民義軍，劉秀在河北豪強地主的支持下，趁機積蓄力量，不斷發展自己的勢力，被劉玄封為蕭王。

公元二五年，劉玄被赤眉軍殺害後，劉秀於鄗城即皇帝位，改元建武，國號仍為漢，史稱東漢。

昆陽大戰

昆陽之戰是「新莽」末年，以綠林農民義軍為主體的劉玄漢軍在昆陽（今河南省葉縣）地區大破王莽軍主力的反擊戰。

公元二三年，綠林軍擁護劉玄稱帝後，派王鳳、王常、劉秀等

人接連攻占了昆陽、定陵、郾縣三地，之後又攻下了宛城。義軍節節勝利，王莽眼看只剩一座孤城，於是集結了四十萬大軍，號稱百萬，由王尋、王邑帶領，企圖一舉消滅位於宛城的「更始」政權。

他們途徑昆陽時，將昆陽圍困。當時昆陽城中只有八九千守軍，劉秀帶數十騎兵突圍而出，來到定陵和郾縣召集了三千義軍，殺回昆陽。劉秀帶領三千人與城中王鳳的軍隊裡應外合，奮力夾攻，殺死了王尋，敵方潰不成軍，落荒而逃。

昆陽大戰一舉全殲王莽軍的主力，為王莽政權的滅亡敲響了喪鐘，成為中國歷史上以少勝多的著名戰例。

東漢（公元二五年～公元二二〇年）

劉秀建立東漢

公元二三年，義軍攻破長安後，王莽敗亡。更始帝劉玄遷往洛陽，拜劉秀為司錄校尉。

公元二三年十月，更始帝劉玄派劉秀到黃河以北鎮撫各州郡，當時河北到處都是地主割據勢力和農民武裝力量。劉秀到河北以後，廢除王莽法令，恢復漢制，大力發展自己的勢力。他一邊爭取河北豪強地主的支持，消滅了最大的割據勢力王朗，在河北站穩了腳步；另一邊則對農民軍進行分化、瓦解、利誘等，收編了各部農民軍，擴充了自己的實力。

劉秀的兵力由數千人發展到十餘萬人，逐漸控制了河北地區。公元二五年六月，劉秀在鄗縣稱帝，沿用了漢的國號，因為漢都長安歷經多次戰亂後破敗不已，劉秀遂將都城遷到了東邊的洛陽，而劉秀建立的漢朝也因此被稱為東漢。

劉秀稱帝後，先派鄧禹、馮異率兵鎮壓了赤眉軍，同時採用各個擊破、拉攏打擊的方式消滅豪強地主的割據勢力，終於在公元三六年完成了全國的統一。

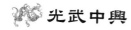

光武中興

　　光武帝劉秀在位期間，勤於政事，採取了一系列恢復和發展社會民生的措施，緩和了西漢末年以來的社會危機，促進了社會發展。

　　光武帝多次發布釋放奴婢和禁止殘害奴婢的詔書，規定戰爭期間被賣為奴婢者重新為庶人，未釋放的官私奴婢必須有基本的人身保障。同時，為減少貧民賣身為奴婢，朝廷還經常發救濟糧，減少租徭役，興修水利，發展農業生產。

　　光武帝很重視農業生產，他遣散地方軍隊，組織軍隊屯墾，而且放免刑徒為庶民，用於邊郡屯田。他實行輕徭薄賦的政策，恢復了西漢時較輕的田稅制，實行三十稅一，還下令裁併郡縣，精簡官吏，減輕了人民的徭役和納稅負擔。

　　此外還實行了加強中央集權的措施，賜給功臣優厚的爵祿，但禁止他們干政；限制三公的權力，將全國政務經尚書台總攬於皇帝；在地方上廢除掌握軍隊的都尉，集中了軍權。

　　這些措施使東漢初年出現了社會安定、經濟恢復、人口增長的局面，史稱「光武中興」。

明章之治

　　公元五七年，光武帝死後，他的兒子劉莊即位，是為漢明帝。

　　公元七五年，漢明帝死後，子劉炟即位，是為漢章帝。

　　明、章兩帝大體上繼承了光武帝時期的施政方針，勵精圖治，採取了寬鬆治國和息兵養民的政策。其主要功績有：輕徭薄賦，減省刑罰，促進了農業發展和社會安定；崇尚儒學，使學術風氣一時

大盛；征伐匈奴，威服西域，和西域各國重新建立了友好關係。

　　明、章二帝在位時，東漢出現了歷史上少有的吏治清明、經濟發展、社會穩定的時期，即「明章之治」。

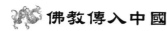 佛教傳入中國

　　佛教由古印度的釋迦牟尼在大約公元前六世紀建立，與基督教和伊斯蘭教並列為世界三大宗教。

　　早在西漢時，西域的某些城邦小國已經開始信奉佛教。西漢末年，佛教開始傳入中原地區。公元前二年，信奉佛教的大月氏曾派使者伊存到達長安，講解浮屠經，這是佛教最早傳入中原。

　　東漢初年，佛教逐漸在統治者中間流行開來。據說當時漢明帝夢見金人飛行殿庭，後聽太史傅毅說是佛，於是派遣中郎將蔡愔等十八人去西域求佛。蔡愔和西域的竺法蘭、迦葉摩騰兩人，得到了一批佛經，用白馬馱回了洛陽。明帝特地興建中國第一所佛教寺院──白馬寺，迦葉摩騰與竺法蘭在寺裡譯出《四十二章經》。

　　到桓靈二帝之時，西域的佛教學者安世高、支婁迦讖等相繼來到中國，翻譯和宣傳佛教教義，漢桓帝還曾在宮裡修建黃老浮屠祠，佛教法事也得到了統治者的支持，漸漸興盛和普及起來。

讖緯神學的盛行

　　「讖」是一種宗教性質的神祕語言，用隱語向人們預測吉凶禍福和治亂興衰，又稱讖語，因為常常配有圖，所有又叫圖讖。

　　「緯」是相對於經來說的，儒生們常假託天象、神意等來解釋儒家學說，以神化儒學，欺騙人民，這種解釋被稱為緯。

　　讖緯神學其實是具有神化色彩的宣傳心理學，常常被統治者或

欲篡權者用來引導輿論，麻痺人民，以鞏固自己的地位，維護特權。漢武帝時，董仲舒便曾經以「天人感應」的神學思想來闡釋儒家學說，使其宗教化而確立正統地位。

西漢末年，在王莽和劉秀的推波助瀾下，讖緯神學得到發展，並成為具有統治地位的思想。劉秀在起兵之初曾得到李通的圖讖「劉氏復起，李氏為輔」，劉秀以圖讖來解釋自己當皇帝的合法性。而劉秀即位後，對讖緯神學更加推崇，用人施政及重大問題的解決都要以讖緯為依據，以讖緯神學來解釋儒家經典。臨死之前，劉秀還曾宣布圖讖於天下。

公元七九年，漢章帝還主持召開了白虎觀會議，將自古以來的經學用讖緯加以解釋，並將自然現象、社會制度、思想文化等方面用讖緯加以神祕化和權威化。

🐉 王充著《論衡》

王充，少時好學，曾就讀於洛陽太學，博覽群書，成為學識淵博的著名學者。

王充雖仕途不順，但是成為了東漢最著名的思想家，其《論衡》一書經歷三十年而完成，成書於公元八六年，共有八十五篇，許多觀點精闢入理，石破天驚，對當時東漢社會流行的讖緯迷信、頹風陋俗進行了批判，發展了無神論和唯物的思想。

他認為萬事萬物都是無意志的自然物質實體，日月星辰都有其發生和運行的自然規律，沒有什麼天的意志在其中起作用，有力地駁斥了「天人感應」學說。王充認為，所謂吉凶祥瑞與天無關，只不過是統治者為了維護自己的特權而捏造的。

王充還認為，人死了以後不會成為鬼，人死而精氣滅，所謂鬼

神之說，不過是心存虛妄所致，未必真有其事。

王充還提出了自己的唯物思想，他認為人要獲得知識，必須由人的感官與事物接觸，也就是通過學習來提高認識，聖人博學只是因為多聞多見，從而批判了被神化的先知聖人。

匈奴與漢族的融合

王莽篡權以後，與各少數民族之間的臣屬關係開始瓦解，劉秀建立東漢、鞏固政權以後，開始致力於修復和各少數部族之間的關係。

公元四六年，匈奴單于輿死後，貴族之間開始了王位之爭，內部衝突激烈，加上草原上連年遭遇旱蝗之災，匈奴內部開始分裂。

公元四八年，匈奴內部分裂為南北兩部，南匈奴內遷五原（今內蒙古五原縣），歸附東漢。東漢接受歸附，將他們安置在北地、朔方、五原、雲中、雁門等延邊八郡，每年賜給他們一定量的糧食、牛馬、布匹等物，並讓他們協助漢室防禦北匈奴的入侵。漢章帝時期，北匈奴內部又發生分裂，先後有數十萬人入塞歸附東漢。

匈奴內附後，不僅加強了東漢北部的邊防，而且他們接觸到了中原的先進文化，逐漸學會了農業生產，改變了遊牧生活，與漢族人民融合在一起。

竇固、竇憲反擊匈奴

南匈奴歸附漢室之後，其他少數民族也漸漸恢復了和漢室的友好關係，北匈奴的處境更加孤立，力量日益削弱，他們為了獲得生活所需的糧食、布匹、食鹽等物品，又開始侵擾東漢的北部地方，給邊疆人民的生活造成了困擾。

於是，為了解除北匈奴的威脅，公元七三年，竇固兵分四路，征伐北匈奴。竇固軍出酒泉，至天山，深入北匈奴腹地，斬首千餘，大敗北匈奴呼衍王。公元七四年，竇固率軍再出玉門，擊敗北匈奴在車師一帶的勢力。

公元八九年，竇憲、耿秉再次會合南匈奴，大舉進攻北匈奴，大破北匈奴於稽落山（今蒙古國額布根山），斬首一萬三千人，俘獲二十多萬人。公元九一年，竇憲再次率兵出擊北匈奴，出塞五千里，進攻金微山，大破北匈奴主力，斬首五千餘人。

此後，北匈奴在草原無法立足，只好向西逃去。

班超出使西域

班超，字仲升，漢代史學家班彪之子，《漢書》的編撰者班固之弟，三人合稱「三班」。班超在年輕時投筆從戎，參與到穩固邊疆的事業中去，最終成為東漢名將。

王莽在位期間，西域諸國和中原之間的聯繫基本中斷，匈奴乘機占領了西域各地。東漢政權穩固以後，開始著手恢復與西域之間的關係。公元七三年，竇固大敗北匈奴後，班超奉命出使西域，以打通被北匈奴控制著的絲綢之路南道諸國。

班超率領士卒三十六人，首先來到了鄯善國，當時匈奴也派了使者去爭取鄯善王的支持，鄯善王對班超的態度一開始很熱情，後來突然冷淡。班超認為「不入虎穴，焉得虎子」，帶領手下襲擊殺了匈奴使者一百多人，鄯善王非常震撼，遂歸順漢室。

公元九〇年，班超率諸國士兵擊敗了大月氏的七萬入侵者，在西域聲威大震，又乘勝經營北道。

班超不僅用武力鎮撫各國，而且善於用外交手段去聯絡較遠的

國家。作為西域都護，班超在西域駐紮了三十多年，期間多次協助西域各國抵禦匈奴的入侵，陸續使于闐等五十多個國家歸順了漢室，將北匈奴在南道諸國的勢力一一肅清。在此期間，西域與中原的聯繫更加密切，通往西方的絲綢之路重新暢通。

外戚宦官專權

東漢皇帝除了最初的明、章二帝之外，後來的皇帝幾乎都是年幼即位。因而每一代皇帝即位時，都是皇太后臨朝稱制，而皇太后要掌握國家權力，勢必要依靠父兄等人，這樣外戚就成了國家大權的操縱者。

當皇帝漸漸長大之後，由於想要剷除專攬朝政的外戚，便要依靠身邊最親近的人，即宦官——於是，外戚和宦官之間為了爭奪政權展開了不斷的鬥爭，所以東漢後期出現了外戚、宦官交替把持朝政的局面。

公元八八年，漢章帝劉炟去世後，他的第四個兒子劉肇即位為漢和帝，漢和帝即位時年僅十歲，由其養母竇太后執政。竇太后排除異己，任人唯親，讓弟弟竇憲掌權，竇氏的專橫跋扈，漸漸引起了漢和帝的不滿。

公元九二年，竇憲帶兵大破匈奴後，漢和帝恐其功高蓋主，於是以陰謀造反為由，聯合宦官中常侍鄭眾等人殺死竇憲，將竇氏家族一網打盡。外戚被滅，東漢王朝又進入了宦官專權時期。

鄧太后臨朝執政

公元一〇五年，漢和帝死後，鄧太后迎立當時生下僅有百日的皇子劉隆為帝，即漢殤帝，自己掌握朝政大權。但殤帝很快夭折，

於是鄧太后又迎立漢章帝的孫子，年僅十三歲的劉祜為帝，是為漢安帝。

鄧太后還算是一位比較有作為的女政治家，她臨朝聽政之後，針對東漢的一些弊端進行調整和改革。她以「柔道」治理天下，認為治理國家應以教化為本，刑罰只能作為輔助手段。於是下詔大赦天下，犯法禁錮者一律釋放為平民。

鄧太后還十分注意節儉與勸農，下令縮減皇宮的供奉，以節省財政開支。但鄧太后畢竟是外戚勢力的總代表，她臨朝執政近二十年，其兄弟親戚都位居要職，掌握大權。鄧太后死後，漢安帝才得以親政，並聯合宦官李閏等人誅滅了鄧氏一族。

班固撰《漢書》

班固，字孟堅，東漢史學家班彪之子，自幼聰慧，能詩善文。班固之父班彪曾續寫《史記》，作《史記後傳》六十五篇，為班固寫作《漢書》打下了基礎。後班固經過二十餘年的努力，完成了《漢書》的主要部分。

公元九二年，班固因牽扯到竇憲案中而入獄，最後死去。當時漢書尚未完成，其妹班昭補寫八表，尚未完成便死去，班昭的門人馬續補寫了剩餘的七表及「天文志」。

因此，漢書前後歷經四人之手而完成，歷時四十多年。

《漢書》沿用了《史記》的體例而略有變更，全書包括紀十二篇、表八篇、志十篇、傳七十篇，共一百篇，上起漢高祖劉邦，下至王莽地皇四年，記載了西漢王朝二百多年的歷史，開創了斷代史寫作的先河，也是東漢時期最重要的史學著作。

班固也是當時著名的辭賦家，著有《兩都賦》、《答賓戲》、

《幽通賦》等辭賦。《漢書》的語言莊嚴工整，多用排偶，遣辭造句典雅華麗，與《史記》平暢的口語化文字形成了鮮明對照。不過班固寫作《漢書》時亦有歌頌漢朝功德之意，這使其文獻價值有所貶損。

蔡倫發明造紙術

漢和帝時期，宦官蔡倫發明了造紙術，他用樹皮、麻頭、破布、魚網等植物原料，經過挫、搗、抄、烘等工藝製造出植物纖維紙。公元一〇五年，他將造紙過程、方法寫成奏章，連同造出來的植物纖維紙呈報給漢和帝，和帝大加讚賞。

蔡倫造紙術的造紙原料多樣，易於取材，成本低廉，還能實現舊物利用，大大提高了書寫的品質，於是很快被推廣開來，廣泛使用。人們把這種紙稱為「蔡侯紙」，從此，紙代替了木牘、竹簡、綿帛，成為最普遍的書寫工具。

蔡倫的造紙術成為中國古代四大發明之一，在八世紀後相繼傳入了西亞和歐洲各國，為人類文明作出了重要的貢獻。

張衡發明渾天儀

張衡，字平子，南陽人，他小時候聰明好學，善於觀察。

張衡年輕時在洛陽和長安學習，並進入太學接受教育。他一開始學習文學，頗有造詣，曾寫作了著名的漢賦《二京賦》、《南都賦》以及五言詩《同聲歌》等。他還精通數學，曾寫作了《算罔論》。

三十歲以後，張衡開始研究天文學，並於公元一一六年開始兩度擔任東漢曆法機構的最高官職——太史令，之後曾出任尚書。公

元一一七年，張衡總結前人經驗，發明了世界上第一個水力渾天儀，渾天儀能夠以水力推動其自行運轉，是天球儀的鼻祖。之後，張衡寫了《渾天儀圖注》，解釋了其製作原理和使用方法。

張衡在其天文學著作《靈憲》中第一次解釋了日食和月食的成因，還算出了日、月的視直徑，記錄了在洛陽觀察到的恆星二千五百顆，還測出了地球繞太陽一年所需的時間是「周天三百六十五度又四分度之一」。此外他還主張渾天說，認為天和地都是圓的，天在外，像蛋殼，地在內，像蛋黃。這種說法雖有欠精確，但卻顛覆了當時流行的天圓地方之說。

公元一三二年，張衡又發明了世界上第一臺地動儀，據說可以探測出方圓五百公里外的地震，比歐洲要早一千七百年。

為了紀念這位偉大的天文學家，聯合國天文組織曾將太陽系中的 1802 號小行星命名為「張衡星」。

黨錮之禍

黨錮之禍指中國古代東漢桓帝、靈帝時，士大夫、貴族等對宦官亂政的現象不滿，與宦官發生黨爭的事件。事件因宦官以「黨人」罪名禁錮士人終身不得做官而得名，前後共發生過兩次。

東漢桓帝、靈帝時，外戚宦官交替專權。宦官侯覽、曹節、王甫等人得勢後，把持朝政，為禍鄉里，朝廷國無寧日，社會動盪不安。

漢桓帝後期，一大批清高自守，敢於打擊為非作歹宦官的士大夫紛紛站出來，李膺、陳蕃、王暢等人成為反對宦官集團的中堅人物。公元一六六年，宦官為了進行報復，誣告李膺等人誹謗朝廷，結黨營私，讓漢桓帝下令將李膺等二百多人捉拿下獄。第二年，又

將他們釋放，但是終身禁錮，不得做官。

漢靈帝即位後，太后竇氏的父親竇武欲聯合陳蕃消滅宦官，被宦官曹節搶先一步，殺死竇武、陳蕃，公元一六九年，宦官集團趁勢誣告並抓捕「黨人」幾百人，李膺、范滂等人均被害死。宦官自此把持朝政，呼風喚雨，公元一七六年，又以皇帝的名義下令，「黨人」的門生故吏、父子兄弟以及五族以內的親屬一律免官，並終身禁錮。

黨錮持續時間之長，危害之嚴重，實在是歷史上少有。

🐉 十常侍專權

公元一六七年，漢桓帝死後無子，其皇后竇氏及父親竇武掌權，他們為能繼續掌握朝政，迎立漢章帝的玄孫，當時只有十二歲的劉宏即位，是為漢靈帝，竇武為大將軍輔政。

漢靈帝時，朝政已經腐敗不堪，朝廷內面臨外戚宦官爭權的局面，而朝廷外則旱災、水災、蝗災氾濫，百姓怨聲載道，國勢衰落。公元一六八年，竇武欲聯合太尉陳蕃驅逐宦官，形跡敗露後，宦官曹節等人發動政變，殺死了竇武、陳蕃，軟禁了竇太后。之後宦官又殺死了反對他們的太學生李膺、范滂等一百餘人，流放、關押八百多人，他們大多慘死獄中。

從此宦官集團掌握大權，張讓、趙忠等十二個宦官獨霸朝政，橫徵暴斂，魚肉百姓，朝政黑暗。而漢靈帝整日沉湎酒色，一味寵信宦宦，不但對他們言聽計從，還尊張讓等人為「十常侍」，並常說「張常侍乃我父，趙常侍乃我母」。在這種情況下，朝政日非，人人思亂，終於爆發了黃巾之亂，使漢王室走向敗亡。

 黃巾之亂

　　東漢末年，各種社會問題浮現，外戚宦官專權為禍，朝政黑暗，同時旱災、水災不斷，農產歉收，天災人禍和繁重的徭役使人民深受其害。此外，豪強地主勢力不斷壯大，土地兼併激烈，大批農民失去土地，成為流民。

　　這時，鉅鹿人張角、張梁、張寶兄弟三人宣傳「太平道」，以用「符水」為人民治病的機會傳道，吸收了許多弟子，之後張角又把這些人分散到各地區傳道，十幾年間，張角的信徒越來越多，達到了三十多萬人，幾乎遍布了全國各個地方。

　　張角見信徒漸多，便自稱「大賢良師」，把勢力範圍劃分為三十六個區，稱為「方」，大方一萬多人，小方六七千人，每方推舉一個領袖率領，全由張角控制。

　　在準備充分之後，張角提出了「蒼天已死，黃天當立，歲在甲子，天下大吉」的口號，決定在公元一八四年三月五日發動叛亂，奪取東漢政權。但因計畫洩漏，只好提前發動叛亂，三十六方同時起事，聲勢浩大，由於頭裹黃巾，所以稱黃巾軍。

　　東漢政府派外戚何進為大將軍，率兵進行鎮壓，各個豪強亦紛紛起兵，聯合鎮壓黃巾賊。

　　由於各自為戰，缺乏統一的指揮，黃巾賊最終被政府軍各個擊破，但此次叛亂給了東漢政府沉重的打擊。之後類似的叛亂事件不斷發生，地方豪強也舉起了反叛之旗，東漢自此分崩離析，走上了分裂和沒落之路。

🐉 五斗米道張魯割據漢中

張魯，字公祺，沛國豐縣（今屬江蘇豐縣）人。其祖父張陵創立了五斗米道，漢順帝時期，張陵在四川地區向群眾傳道，受道者要出五斗米，因此稱五斗米道。

五斗米道主要活動區域在益州、雍州兩地。張陵死後，其子張衡繼續傳道，張衡死後，張魯繼續傳道。公元一九一年，張魯在益州牧劉焉手下任督義司馬，後與張修率徒眾攻討漢中太守蘇固，奪取漢中之後，張魯殺掉了張修，獨自占據漢中。

劉焉死後，其子劉璋繼任，劉璋殺死了張魯的全家，張魯叛變，以漢中為根據地，集合五斗米道教民，建立了政教合一的政權。

張魯自稱「師君」，他在各地設立「義舍」，置「義米義肉」，免費提供給過路者食用。他還規定犯法者「原宥三次」，再犯才處以刑罰；而犯輕微錯誤者罰修道路百步。張魯的統治受到人民的歡迎，他的地盤在動盪的亂世中還算比較安定的地區，因此很多人遷居到那裡。

他的政權持續了近三十年，直到公元二一五年，曹操進攻漢中時，張魯投降曹操，被封為鎮南將軍、閬中侯。

🐉 華佗行醫濟世

華佗，字元化，沛國譙縣（今安徽亳州市）人，東漢末年著名的醫師，與董奉、張仲景被並稱為「建安三神醫」。華佗善於方藥、針灸，精於外科手術。

東漢末年，軍閥混戰，災害頻繁，疫病流行，華佗目睹百姓慘

狀，不為功名利祿所動，多次拒絕為官，一生在鄉村行醫。因醫術精湛，有很多人來向他求醫，《三國志》中有華佗幫關羽刮骨療傷的記載。華佗發明了麻沸散，他先用麻沸散將病人麻醉，然後進行外科手術。華佗還善於養生之術，他模仿虎、鹿、熊、猿、鳥的動作，發明了五禽戲，據說華佗雖然年近百歲，但仍形似壯年。

當時曹操有嚴重的頭風病，特意召華佗為他治病，並欲將其長留府中為侍醫，華佗心繫家鄉，因此找藉口回到家裡，曹操多次召他都不回去，最終被曹操所殺。華佗雖死，其精湛的醫術和懸壺濟世的胸懷卻流傳了下來，被永久傳頌。

張仲景博採眾方

張仲景，名機，南陽人，出生於公元一五〇年，東漢末年著名醫學家。

張仲景從小精心研究醫術，總結前人經驗，並於建安年間遊歷各地行醫，他親眼目睹了各種疫病流行給百姓帶來的災難，也借此將自己多年對傷寒症的研究付諸實踐，進一步豐富了自己的經驗。

經過數十年含辛茹苦的努力，他終於寫成了《傷寒雜病論》一書，這是中醫史上第一部集理、法、方、藥於一書的經典之作。

《傷寒雜病論》是中國第一部從理論到實踐、確立辨證論治法則的醫學專著，其辨證論治原則成為中醫臨床的基本原則，是中醫的靈魂所在。在方劑學方面，此書記載了大量有效的方劑。

張仲景因為對後世中醫學的傑出貢獻而被稱為「醫聖」。

董卓之亂

董卓，字仲穎，隴西臨洮（今甘肅岷縣）人。公元一八九年，

漢靈帝死後，漢少帝劉辯繼位，何太后臨朝，外戚何進輔政。何進與袁紹合謀誅殺了當時專權的宦官蹇碩，然後私召當時握有兵權的并州牧董卓入京，欲一舉除掉宦官勢力。

機密洩漏後，何進被宦官張讓等人所殺。袁紹帶兵入宮，殺掉宦官二千餘人。自此，外戚和宦官這兩個統治東漢的政治勢力被徹底消滅。

隨後董卓趁亂率軍進入洛陽殺死何太后，廢掉少帝，另立陳留王劉協為漢獻帝，自任丞相。

董卓掌權後逼走袁紹，獨自掌握兵權，他提拔親信，廣樹黨羽，專斷朝政，貪圖享樂，還縱容部下在洛陽燒殺擄掠。公元一九〇年，袁紹聯合各路諸侯共同討伐董卓。董卓勢弱，挾持獻帝退往長安，臨行前焚燒洛陽的宮廟、官府和居家，脅迫洛陽數十萬居民一起西去長安。

公元一九二年，司徒王允與董卓部將呂布合謀，終於刺殺了董卓。此後董卓部將李傕、郭汜以報仇為名，率兵攻入長安，趕走呂布，殺死王允，劫持獻帝，扣留公卿大臣。最後，李傕為曹操所殺，郭汜也為其部將所殺。

董卓之亂使關中地區的民生遭到嚴重破壞，而各地諸侯以討伐董卓、扶持漢室為名，紛紛起兵，一場持續了三十餘年的軍閥割據就此展開。

三國兩晉南北朝：

一段紛亂割據的爭霸史

　　黃巾之亂後，為了鎮壓平亂，漢靈帝將部分刺史改為州牧，由宗室或重臣擔任，擁有地方軍政大權，以便加強地方政權的實力，更易控制地方，有效圍剿黃巾餘部。而正是漢靈帝的下放權力，使得地方官得以擁兵自重。

　　東漢末年，涼州軍閥董卓進入洛陽，控制朝政，禍國殃民，各路軍閥爭相討伐。自此，群雄並起，逐鹿中原，東漢皇帝成為軍閥爭霸的招牌。曹操挾天子以令諸侯，統一北方，孫權割據江東，劉備據有四川，形成三足鼎立之勢。

　　三國之中，曹魏獨強，相繼滅掉蜀漢、東吳。權臣司馬氏奪取政權，建立西晉，西晉僅存在了五十一年，就被匈奴攻滅。王室大臣舉族南遷避禍，司馬睿在江南建立東晉，而北方則進入了分崩離析的五胡十六國時期，自此，經濟中心轉移到了長江流域。

　　公元四二〇年，東晉權臣劉裕廢晉自立，建立南朝宋，同時拓跋燾統一北方，建立北魏，南北朝時期就此開始。

三國時期（公元二二〇年～公元二八〇年）

孫策定江東

　　孫策，字伯符，吳郡富春（今浙江杭州富陽）人，他是孫堅的長子，孫權之兄，是東漢末年和三國時期的割據軍閥之一，東吳的重要奠基人。

　　孫策為人驍勇善戰，富有謀略，外號「小霸王」。公元一九一年，孫策的父親孫堅在攻打荊州牧劉表時被黃祖設伏殺死，孫策繼承父業。公元一九四年，孫策帶領父親舊部投靠曾與孫堅交好的袁術，欲在其幫助下收羅父親舊部，繼而為父報仇。不料袁術多次反悔，於是孫策帶領部下脫離袁術，來到江東。

　　孫策禮賢下士，四處結交豪傑，先後與周瑜、張紘、太史慈等相識。幾年下來終於建立了自己的根據地和武裝力量，於公元一九八年被東漢朝廷封為吳侯，拜討逆將軍。公元一九九年，孫策率軍大敗黃祖，終於為父報仇。

　　孫策很喜歡輕騎外出狩獵，公元二〇〇年四月，孫策在外出狩獵時被舊仇許貢的部下殺死，時年二十六歲。

　　由於孫策相貌英俊，平易近人，很受愛戴，被世人稱為孫郎，周瑜為周郎，二人親如兄弟，還分別娶了喬公的兩個女兒大

喬和小喬。

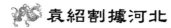 袁紹割據河北

袁紹，字本初，汝南汝陽（今河南商水）人，東漢末年割據軍閥之一，官至大將軍、太尉，封鄴侯。

袁紹出身名門望族，自曾祖父起四代有五人位居三公，號稱四世三公。袁紹文武雙全，英氣勃發，喜歡結交上層社會的豪爽之士。公元一八八年，被舉薦為中軍校尉。

靈帝死後，宦官專權，外戚大將軍何進與時任司隸校尉的袁紹合謀誅殺宦官，事情洩漏，何進被宦官殺害。袁紹帶兵殺死宦官二千餘人，主持朝政。

董卓乘亂進入京城，廢少帝，另立劉協為獻帝，自任丞相，專權跋扈，袁紹逃奔冀州。

公元一九〇年，關東軍閥聯合討伐董卓，推舉袁紹為盟主，帶兵包圍洛陽。董卓被殺後關東軍內部開始互相兼併，袁紹奪取冀州牧韓馥地盤，此後又奪得青州、并州，消滅幽州公孫瓚。

到公元一九九年，袁紹已占據黃河下游四州，領眾數十萬，成為當時東漢勢力最強的軍閥。不久袁紹被冊封為大將軍、太尉，總督冀、幽、并、青四州，成為北方最大的割據勢力。

挾天子以令諸侯

曹操字孟德，小字阿瞞，沛國譙（今安徽亳州）人。

曹操的祖父是宦官中常侍大長秋曹騰，漢桓帝時被封為費亭侯，父親曹嵩是曹騰的養子，漢靈帝時官至太尉。

公元一八四年，曹操因鎮壓黃巾賊有功，升任為濟南相。後來

董卓作亂，曹操回到家鄉陳留，散盡家財徵募義勇，討伐董卓，參與了關東諸侯討伐董卓的戰爭。

公元一九二年，青州黃巾賊入侵兗州，兗州刺史劉岱被殺，曹操打敗黃巾賊，將其精銳編為「青州軍」，然後以兗州為根據地不斷發展勢力。

公元一九六年，曹操採納謀士毛玠等人的建議，將漢獻帝迎接到許昌建都，形成了挾天子以令諸侯的局面，取得了政治上的優勢。從此，曹操勢力不斷強大，先後戰勝了呂布、袁術，並接受了張繡的投降。到公元一九九年，曹操已經控制了兗州、豫州、徐州三地，並向南延伸到荊州北部，在北方與袁紹形成了二強爭雄之勢。

官渡之戰

曹操勢力的迅速發展引起了袁紹的不滿，袁紹當時的兵力遠勝曹操，因此決心和曹操一決雌雄。他挑選精兵十萬，戰馬萬匹，企圖南下進攻許昌，兼併黃河中下游以南地區。

公元二〇〇年，曹軍與袁軍對峙於官渡，在此展開決戰。

雙方實力懸殊，袁紹領兵十萬，而曹操兵力不足一萬。不過曹操有良將謀士，而且因其善於用人，賞罰分明，所以吸引了不少袁紹舊部來降。

曹操先發制人，先是派兵襲擊了青州、北海等戰略要地，然後一方面將主力屯於官渡（今河南中牟縣東北），憑河拒袁；一方面親自率兵攻打徐州，打敗與袁紹聯合的劉備，解除了後顧之憂。之後曹軍又設計斬殺了袁紹手下顏良、文醜兩位大將，然後築深溝高壘，與袁軍對峙。

後來曹操用許攸計謀，奇襲袁軍在烏巢的糧倉，焚燒其糧食輜重，繼而擊潰袁軍主力。曹操以少勝多大敗袁紹，此後又率兵北上消滅袁紹的殘餘勢力，奪得冀、幽、并、青四州，基本統一了北方。

曹操屯田

公元一九六年，曹操開始招募流亡者，在許昌周圍實行屯田，隨後在整個北方地區大規模推廣。以五十人左右為一屯，設屯司馬一人。此為民屯。

公元二一八年，在司馬懿的建議下，又開始實行軍屯，規定士兵平時屯田，戰時作戰。

曹魏統治者向屯田民徵收租稅的辦法，是依據棗祗宣導的「分田之術」，即官府提供土地，屯田民不得任意棄置所配給之土地，而收穫的穀物按比例分成。用官牛者，官六私四；不用官牛者，官私對分。屯田制在戰時對恢復生產、保證軍糧供應發揮了重要的作用。不過到曹魏末期，由於對統治者已經無利可圖，遂於公元二六四年被廢除。

曹操還頒行了租調制，規定對土地所有者，每畝土地徵收田租粟四升；每戶徵收戶調絹二匹、綿二斤。除此之外不得再擅自徵稅。此外曹操還規定不許地主隱瞞戶口和向農民轉嫁租稅。

這是戰國以來賦稅方面的一次改革，用租調取代了沉重的人頭稅，減輕了農民的負擔，有利於恢復和發展民生。

劉備三顧茅廬

劉備，字玄德，涿郡涿縣（今河北涿州）人，是漢中山靖王劉

勝的後代，早年喪父，和母親一起以販履織席為業。

漢靈帝末年，劉備因起兵討伐黃巾賊有功而登上政治舞臺，後因杖打督郵而棄官逃命。先後依附公孫瓚、陶謙，陶謙死後，劉備自領徐州，之後被呂布打敗。此後帶兵輾轉奔波數年，相繼依附於曹操、袁紹等人，一直未能建立大的基業。公元二〇一年，曹操派兵攻打劉備，劉備投靠劉表，駐紮在新野。

公元二〇七年，徐庶向劉備推薦了諸葛亮。此時諸葛亮正隱居在南陽，劉備欲爭奪天下，求賢若渴，於是親自前往隆中拜訪，去了三次才見到諸葛亮。劉備向諸葛亮詢問天下大計，諸葛亮為他詳細分析了天下形勢，提出先取荊州為根據地，再取益州，與曹、孫形成鼎足之勢，繼而圖取中原的戰略構想，這就是著名的「隆中對」。而諸葛亮為劉備所感，遂出山輔佐劉備，創立了蜀漢大業。這個「三顧茅廬」的故事傳為佳話。

蔡文姬作《胡笳十八拍》

蔡文姬，即蔡琰，原字昭姬，晉時避司馬昭諱，改為文姬，陳留圉（今河南開封杞縣）人，是東漢大文學家蔡邕的女兒。

蔡文姬自小耳濡目染，才華橫溢，善通音律，是建安時期著名的才女和詩人。蔡文姬一開始嫁給了河東的衛仲道，不過丈夫很快去世，蔡文姬回到了娘家。

不久軍閥混戰，董卓作亂京城，蔡文姬被匈奴所擄，嫁給了南匈奴左賢王，並生下二子。公元二〇七年，曹操政治勢力穩固以後，想起舊識蔡邕，不免憐憫蔡文姬的悲慘遭遇。於是派使者將蔡文姬贖回，並安排她再嫁給陳留董祀。

蔡文姬在流落匈奴期間，嘗盡了生活的艱辛，異鄉生活的悲苦

可想而知。她作有《胡笳十八拍》和《悲憤詩》，描述了自己漂泊異鄉的屈辱和痛苦，成為感人肺腑的千古絕唱。《悲憤詩》被稱為中國詩史上第一首自傳體的五言長篇敘事詩，被認為「真情意切，自然成文」，激昂酸楚，在建安詩歌中別具一格。

赤壁之戰

公元二〇八年，曹操平定烏桓之後，基本上控制了北方地區，於是率二十萬大軍南下荊州，圖謀奪取江南。

當時劉表剛死，次子劉琮投降曹操，劉備被迫從新野向江陵撤退，在長坂（今湖北當陽縣境內）被曹軍大敗，只好退守夏口，派諸葛亮到柴桑（今江西九江）遊說孫權共同抵抗曹操。

孫權在周瑜、魯肅等主戰派的支持下決意抗曹，派遣大將周瑜、程普率軍溯江而上，與劉備軍在赤壁會合。此時曹軍占據數量上的優勢，但孫劉聯軍利用曹軍長途勞累、不習水戰的弱點，初戰告捷，曹軍退守烏林。

曹軍為防止風浪顛簸，用鐵索將船連接了起來，孫劉聯軍把握風向，以火船點燃曹軍戰船，並沿途衝殺。曹軍陣腳大亂，被燒死、溺死、殺死者不計其數，曹操從華容道狼狽逃跑。

赤壁之戰鞏固了孫權在江東的統治，而劉備也趁機占據荊州，向西發展，為三分天下拉開了序幕。

劉備自立為漢中王

公元二一四年劉備打敗劉璋，奪取益州，占據了立足之地。

漢中是益州北方的一個郡，屬益州門戶，易守難攻，地理位置十分重要。

公元二一五年，漢中的張魯投降曹操，蜀郡太守、揚武將軍法正向劉備建議奪取漢中，他認為：「占領漢中後，興農積糧，觀冀伺隙，則上可以進取關中，問鼎中原；中可以蠶食雍、涼，開拓疆域；下可以固守要害，保衛益州。」於是，為保障益州的安全，劉備於公元二一七年發動了漢中之戰，率法正、張飛、趙雲、魏延、黃忠等將領與曹操爭奪漢中。

漢中之戰持續了兩年，曹軍死傷慘重，一直無法取勝，曹操想撤退卻又有所不捨，便用「雞肋」作口令，眾將不解其意，主簿楊修卻明白雞肋「棄之如可惜，食之無所得」的道理，知道曹操想撤退，便自行收拾行裝。

公元二一九年五月，曹操果然放棄漢中回軍長安，劉備遂占據漢中，於當年秋天自立為漢中王，為以後的稱帝蜀漢奠定了基礎。

關雲長水淹七軍

公元二一九年，劉備稱漢中王，封關羽為前將軍。

同年，劉備派關羽進攻荊州北部的樊城，樊城守將曹仁向曹操求救，曹操派于禁、龐德兩員大將率領七支人馬前去增援。曹仁讓他們屯兵在樊城北面的平地上，和城中裡應外合，使關羽沒法攻城。

正在雙方僵持不下之時，樊城天降大雨，漢水暴漲，于禁所率領的七軍在平地上紮營，因此都被大水淹沒，將士紛紛往高處躲避。而關羽早已看出曹軍紮營在平地的弱點，趁勢坐在大船上進行攻擊，打得曹軍叫苦連天，損失慘重，史稱「水淹七軍」。

曹軍將領于禁走投無路，被迫向關羽投降。龐德被俘，因拒絕投降而被關羽處斬。

關羽進一步圍困在樊城中鎮守的曹仁，同時派遣軍隊包圍襄陽。此時，陸渾人孫狼等殺官起兵，回應關羽，曹操指派的荊州刺史胡修、南鄉郡太守傅方都投降了關羽，關羽聲勢威震華夏。

關羽敗走麥城

關羽水淹七軍後圍困樊城。曹操為解樊城之圍，聽取司馬懿等人的意見，利用孫、劉之間的矛盾，派使者入吳，以將江南封給孫權為條件勸他派兵襲取荊州，同時派大將徐晃率軍去樊城援救曹仁。

公元二一九年，孫權拜呂蒙為大都督，總領江東兵馬偷襲荊州。吳軍使韓當、周泰、蔣欽、潘璋等大將藏於船中，使一些精兵扮做商人，搖櫓西上，抵達蜀軍江邊的烽火臺。蜀軍一時大意，讓化裝的吳船泊岸避風。

二更天時，這些船中的人一齊出來，抓獲了蜀國守軍，然後長驅直入荊州，吳軍裡應外合襲取了荊州。荊州重鎮江陵守將糜芳、公安守將士仁不戰而降，呂蒙、陸遜等依次攻陷荊州各地。

此時正在攻打樊城的關羽得知荊州失守後大吃一驚，忙帶關平、廖化領兵回荊州。途中遭遇吳軍埋伏，關羽殺出重圍，帶殘兵退至麥城（今湖北省當陽縣東南），吳軍遂圍住麥城。公元二二〇年，關羽糧草耗盡，援兵遲遲不到，只得和關平、趙累率殘兵突圍出北門。在益州附近臨沮山路再次中吳軍埋伏被俘，因拒不投降和關平一起被殺。

此戰之後，孫權收回了荊襄之地，吳蜀聯盟遭到嚴重破壞。

實施九品中正制

在選官用人制度上，漢代推行的是察舉制，即每年由郡國向中央推舉人才，有一定的名額，因為缺乏客觀標準，導致賄選之風盛行。

公元二二○年，曹魏建立前夕，曹丕為了拉攏世家大族的支持，採納吏部尚書陳群的建議，在選官上實行九品中正制。

九品中正制，又稱九品官人之法，其主要內容是，在各州郡選擇「賢有識見」的官員任「中正」，「中正」必須是二品現任中央官，中正以家世、德行、才能為標準，查訪評定州郡士人，定出品（家世）和狀（德才），並依此將他們分成上上、上中、上下、中上、中中、中下、下上、下中、下下九等，然後呈報給吏部，作為授官的依據。

九品中正制的實施使曹丕獲得了世族官僚的支持，為廢漢稱帝奠定了基礎。

九品中正制一開始實施時還能注重德才，選任賢能之才，但是由於中正官一般都是由世族大家出身的官吏擔任的，所以他們很容易只看門第出身，不注重才德。久而久之，九品中正制就成了世族把持仕途、壟斷選官的工具。到西晉時，甚至出現了「上品無寒門，下品無世族」的局面。

曹丕稱帝

曹丕，字子桓，公元一八七年出生，沛國譙（今安徽省亳州市）人，曹操的嫡長子。

赤壁之戰失敗後，曹操退回北方，收縮防線，然後集中精力改

革內政，發展民生，鞏固後方。之後又於公元二一一年滅掉韓遂、馬騰，奪取了涼州，公元二一五年又收服了盤踞漢中的張魯。曹操統一北方，權傾朝野，和劉備、孫權形成了三足鼎立之勢。

公元二一七年，曹丕運用各種計謀，在繼承權的爭奪中戰勝了弟弟曹植，被立為世子。公元二二○年，曹操在洛陽病死，曹丕繼位為魏王、丞相、冀州牧。

在稱帝前夕，曹丕實行九品中正制，成功緩和了與世族之間的關係，取得了他們的支持。同年，曹丕迫使漢獻帝將皇位禪讓給他。曹丕稱帝，國號魏，定都洛陽，又追尊曹操為武皇帝，廟號太祖。

劉備稱帝

公元二二○年，曹操逝世後，曹丕篡漢建魏。

蜀中有傳聞說漢獻帝已經被害死，於是漢中王劉備發喪制服，追諡漢獻帝為孝愍皇帝。

公元二二一年，群臣勸劉備即帝位，劉備不許。後來諸葛亮、許靖、黃權等人再次上書勸劉備即帝位，說如不從眾議，恐士心離散。劉備於是在成都登基，以續東漢大統，國號仍為「漢」，史稱「蜀漢」。然後大赦天下，改年號為章武，以諸葛亮為丞相，許靖為司徒，設置百官，建立宗廟祭祀漢高祖等。

之後又立夫人吳氏為皇后，長子劉禪（阿斗）為太子，娶車騎將軍張飛女為皇太子妃，立次子劉永為魯王，劉理為梁王。

陸遜火燒連營

陸遜火燒連營是發生在三國「三大戰役」的最後一戰——彝陵

之戰的事情。

彝陵之戰又稱猇亭之戰、夷陵之戰，是蜀漢君主劉備對東吳發動的戰役。公元二二〇年，吳軍殺死關羽，奪得荊州。公元二二一年，劉備稱帝三個月後，不聽趙雲等人的勸阻，打著為關羽報仇的旗號，揮兵東征，攻打孫吳。

孫權一面派人向魏國表示臣服，以避免腹背受敵，一面派陸遜率軍應戰劉備。陸遜見蜀軍氣勢如虹，洶湧而來，決定退兵至彝陵、猇亭一帶，占據有利地形，以逸待勞。劉備大軍推進至彝陵，連營數百里，聲勢浩大，但陸遜堅守不出，兩軍相持達半年之久。公元二二二年，劉備派伏兵攻擊吳軍，陸遜才開始反擊。

陸遜發現蜀軍的營寨都是用木柵欄組成，於是決定用火攻。吳軍先是封鎖江面，扼守彝陵道，然後火燒連營，再全面出擊，劉備大敗，逃至白帝城，最終病死。

彝陵之戰中，吳軍使用以逸待勞的方法，後退誘敵，擊其疲憊，是由防禦轉而反攻的成功戰例。後來在諸葛亮的主導下，吳蜀兩國重修舊好，共同防禦曹魏，三國分立的局面最終形成。

🐉 白帝城托孤

公元二二二年，劉備於彝陵之戰中被吳軍打敗後，狼狽退回白帝城（今四川奉節東）。劉備征戰一生，身心疲憊，加上彝陵之戰失敗的打擊，使他心情抑鬱，竟然一病不起。

公元二二三年，劉備的病情日益加重，身體一日不如一日，只好傳喚諸葛亮來到白帝城，託付後事。劉備臨終前托孤於諸葛亮和尚書李嚴，對諸葛亮說：「以丞相的才能，必能安邦定國，成就大事，如果吾兒劉禪可輔，輔之；如其不才，君可自取而代之。」諸

172

葛亮流淚答道：「必會盡全力輔佐太子，鞠躬盡瘁，死而後已。」

劉備又對次子劉永說：「我死後，你們兄弟像對待父親般侍奉丞相，你們與丞相只是共事而已。」

不久，劉備駕崩於永安宮，享年六十三歲，諸葛亮上表讚揚劉備，諡為昭烈皇帝。之後，太子劉禪即位，即蜀後主，改元建興，封諸葛亮為武鄉侯，領益州牧。

諸葛亮果然如自己所言，全心全力輔佐劉禪，發展巴蜀地區的農業生產，平定南方部落叛亂，並多次北伐魏國，鞠躬盡瘁。

諸葛亮治蜀

諸葛亮（公元一八一年～公元二三四年），字孔明，號臥龍，琅琊陽都（今山東臨沂市沂南縣）人，三國時期傑出的政治家、外交家、軍事家。

公元二二三年，蜀帝劉禪封丞相諸葛亮為武鄉侯，領益州牧。

蜀國事無巨細，都由諸葛亮來裁決。連年征戰之後，諸葛亮開始致力於發展民生，實行耕戰政策。他鼓勵農業生產，派一千二百個兵丁負責管理和維修都江堰，使川西平原呈現一派生機，並派軍隊到漢中屯田，為北伐魏國儲備糧食。

在內政方面，諸葛亮與法正等人制定《蜀科》新律，統一法令，賞罰嚴明，選賢任能。

諸葛亮還於二二五年率兵親征南中，平定了當地豪強和少數民族首領的叛亂，並將他們遷往成都為官，從而改善與西南各族的關係，鞏固了後方。

諸葛亮還發明了連弩、木牛流馬，增強了蜀軍的防禦能力和戰鬥力，為以後的伐魏戰爭奠定了基礎。

諸葛亮伐魏

諸葛亮在平息南中之後，決定北上伐魏，公元二二七年，他向劉禪上《出師表》，表明其北伐中原，恢復漢室的決心。並勸劉禪要廣開言路，賞罰分明，以光復漢室。然後發兵沔陽，準備北伐。

公元二二八年春天，諸葛亮率領大軍出漢中，開始了第一次北伐，諸葛亮親率大軍攻祁山（今甘肅省西和縣西北），此戰中，祁山以北的南安、天水和安定三郡背叛魏國，歸順蜀國，但因馬謖在街亭戰敗，最終無功而返。

此後諸葛亮又接連進行了五次北伐，期間和魏軍互有勝負，但多數因運糧不繼而無功而返。直到公元二三四年，在第六次北伐中，諸葛亮病故於五丈原（今陝西省岐山南），蜀軍退回漢中。

諸葛亮六次北伐曹魏，史稱「六出祁山」。實際上一次為防禦戰，北伐僅五次，其中從祁山出兵僅兩次。諸葛亮伐魏，體現了其鞠躬盡瘁，死而後已的決心，但是畢竟蜀軍是勞師遠征，所以很難取勝。諸葛亮死後，姜維的數次北伐也都無功而返。

馬謖失街亭

馬謖，字幼常，襄陽郡宜城縣人，為蜀漢名臣馬良之弟。

他才智過人，好論軍計，曾獻計於諸葛亮，以懷柔政策收服了孟獲，因此很受諸葛亮的器重。劉備臨終之前曾和諸葛亮說，馬謖言過其實，不可大用，然而諸葛亮仍然以馬謖為參軍，經常和他談論用兵之道。

公元二二八年春，諸葛亮第一次率兵北伐。他放言由斜谷道取郿（今陝西眉縣東北），派趙雲、鄧芝攻打箕谷（今陝西太白）為

疑兵，實則親率蜀軍主力攻打祁山，魏國隴右的天水、南安、安定三郡紛紛歸順蜀國。

之後諸葛亮提拔馬謖為先鋒，令他攻打街亭，以作為繼續攻打魏軍的據點。

馬謖到街亭後，剛愎自用，違反軍令，不聽裨將王平的勸告，不是占據城池，而是在山上紮營。魏將張郃率兵占據營壘，然後切斷了蜀軍的水源，圍攻山上的蜀軍，馬謖大敗。蜀軍因為沒有進攻的據點，只好放棄隴右三郡，退守漢中。

諸葛亮認為北伐之初，必須嚴明軍紀，因此將馬謖處死，斬首之時，全軍落淚，諸葛亮亦痛哭流涕。諸葛亮因兵敗，上書蜀後主請自貶三等。

衛溫求夷州

公元二三〇年春，孫權派遣將軍衛溫、諸葛直率領船隊，帶兵萬人，沿海尋找夷洲（一說為台灣，一說為日本琉球或九州）及亶洲（一說為海南島，一說為日本）。打算將那裡的民眾帶回，以充實吳國的兵力。

因為亶洲非常遙遠，所以他們最終沒能到達。船隊歷盡艱險之後，終於到達了沿海距離吳國兩千里遠的夷洲。第二年，衛溫等人帶著數千人返回東吳。衛溫等人歷經一年才返回，當時所帶去的士兵，因得病而死的十有八九，因此被孫權以「違詔無功」為由，下獄誅殺。

姜維北伐

姜維，字伯約，天水郡冀縣（今甘肅甘谷縣）人。

　　原為曹魏天水郡的中郎將，後來在諸葛亮攻打祁山時降蜀。公元二三四年，諸葛亮「出師未捷身先死」，於第五次伐魏時死於五丈原。蜀國後主劉禪加封姜維為右監軍、輔漢將軍，統率諸軍，進封平襄侯，後來官至涼州刺史、大將軍，朝廷授予符節。

　　在公元二三八年到公元二六二年的近三十年間，姜維共進行了十一次北伐，時有勝負，並未取得較大的突破。公元二五六年和公元二六二年，姜維曾兩次大敗給魏將鄧艾，使蜀漢軍力大傷，為蜀國的滅亡埋下了禍根。

　　此後，姜維因和蜀漢宦官黃皓不和，為避禍而到沓中帶兵屯田。公元二六三年，魏國派遣鄧艾、鍾會、諸葛緒兵分三路進攻蜀漢。魏軍勢如破竹而來，一路攻克陽安關，直搗劍閣，兵臨成都，蜀後主劉禪投降。

　　姜維聽說之後，假意投降鍾會，然後獲取信任，慫恿鍾會叛變，想趁亂復興蜀漢。但是魏軍沒有回應鍾會的叛亂，蜀地的魏軍發生兵變，鍾會、姜維在亂軍中被殺。

司馬懿裝病奪權

　　司馬懿，字仲達，河內溫（今河南溫縣）人。三國時期魏國傑出的政治家、軍事家，早年跟隨曹操南征北討，多次帶兵抵抗諸葛亮的北伐。

　　曾輔佐魏國三代君主，魏明帝時官至太尉，曹魏中後期，統治日益腐敗，而司馬懿廣結黨羽，地位日益顯要，成為全權掌控魏國朝政的權臣。

　　公元二三九年，魏明帝曹叡死後，曹芳登基即位，年僅八歲，次年改年號為正始，由大將軍曹爽、太尉司馬懿共同輔政。曹爽上

表請將司馬懿轉為太傅，以剝奪其兵權，又安排心腹執掌機要，竭力排斥司馬懿在朝中的勢力。司馬懿裝病不去上朝，從而使曹爽放鬆了警惕，實際上他卻暗中策劃政變。

公元二四九年，曹爽兄弟隨魏帝離開洛陽去祭掃明帝的墳墓高平陵，司馬懿趁機發動政變，奪取了朝廷的武器庫，派長子司馬師屯兵司馬門，自己和太尉蔣濟屯兵洛水浮橋，封鎖各門，切斷了曹爽的歸路。又上書羅列了曹爽的亂法與不臣之罪，逼迫郭太后下令廢除曹爽兄弟的官職，然後派人送奏章給魏帝，要求罷免曹爽兄弟。

曹爽為求活命，只好交出兵權。數日後，司馬懿卻以謀反的罪名將曹爽兄弟及其親信全部處決，並誅三族。這就是「高平陵事變」，自此，曹魏政權落入了司馬氏手中。

鄧艾滅蜀

三國後期，魏、吳、蜀並立抗爭的局面因三方力量的消長而漸趨崩潰。

魏國曹芳即位後，大權旁落在司馬氏手中。司馬氏父子一方面大力清除曹氏勢力，籠絡士族，準備代魏自立；同時，他們還注意任用賢能，並繼續推廣屯田，興修水利，使魏國政治穩定，經濟發展，軍事力量日趨強大。

而吳蜀兩國本來就地小人少，此時的蜀國被宦官黃皓搞得烏煙瘴氣，姜維不間斷的北伐更是損耗了國力；吳國則是內鬥不斷，早已喪失了與曹魏對抗的實力。

公元二六二年，執政的魏國大將軍司馬昭開始積極籌備伐蜀。公元二六三年，魏國派十八萬大軍，分三路進攻蜀國：西路軍由鄧

艾率兵三萬多人，出狄道向甘松、沓中，正面進攻姜維；中路軍由諸葛緒率三萬多人，自祁山進攻武街、陰平之橋頭，切斷姜維後路；東路軍由鍾會率主力十餘萬人，分別從斜谷、駱谷、子午谷進軍漢中。十一月，鄧艾帶軍進行迂迴穿插，繞過蜀軍的正面防禦，從陰平小道一路直搗成都城下，蜀國君臣見魏軍猶如天降，驚惶失措。劉禪出城投降，蜀漢滅亡。

魏國從此占據長江上游，為攻打東吳奠定了基礎。

樂不思蜀

公元二六三年，蜀國被魏國所滅。蜀後主劉禪投降後，移居魏國都城洛陽，魏王曹奐封給他一個食俸祿無實權的「安樂公」。

某日司馬昭設宴款待劉禪，想試探他一下，於是囑人演奏蜀地的樂曲，並以歌舞助興。蜀漢舊臣們想起滅亡的故國，都非常難過，個個掩面或低頭流淚，只有劉禪一個人怡然自得，毫不悲傷。

司馬昭看到這樣的場面，便問劉禪：「安樂公是否思念蜀？」劉禪答道：「此間樂，不思蜀也。」劉禪的舊臣郤正聽聞此言，悄悄地對他說：「陛下，如果司馬昭再問同樣的問題，您就先注視著宮殿的上方，接著閉上眼睛一陣子，最後張開雙眼，很認真地說：先人墳墓，遠在蜀地，我沒有一天不想念啊！——這樣，司馬昭就能讓陛下回蜀了。」

劉禪牢記在心。酒至半酣，司馬昭又問他是否思念蜀地，劉禪趕忙按郤正說的回答了。司馬昭回道：「咦，這話怎麼像是郤正說的？」劉禪大感驚奇：「你怎麼知道呀！」司馬昭及左右大臣哈哈大笑。司馬昭見劉禪如此老實，從此再也不懷疑他，劉禪得以在魏國度過餘生，這就是成語「樂不思蜀」的來歷。

司馬昭掌權曹魏

高平陵事變之後，司馬氏完全把持了曹魏的朝政大權，代魏稱帝的野心昭然若揭。司馬懿死後，其子司馬師以大將軍輔政，獨攬朝廷大權。

公元二五四年，魏帝曹芳與中書令李豐等密謀除掉司馬師，事情洩漏後，司馬師殺死參與者，以失德為由逼迫太后廢掉曹芳，貶為齊王，改立十三歲的高貴鄉公曹髦為帝。

不久，司馬師病死，他的弟弟司馬昭繼續掌權。司馬昭總攬大權，他專橫跋扈，不斷剷除異己，打擊政敵，總想取代曹髦。曹髦知道自己遲早會被司馬昭除掉，於是打算鋌而走險，幹掉司馬昭。公元二六〇年，曹髦將幾位心腹大臣找來，對他們說：「司馬昭之心，路人皆知也。我不能坐等被廢掉的恥辱，你們同我一起去討伐他。」於是率領僕從、侍衛數百人去襲擊司馬昭。孰料朝中到處是司馬昭的耳目，早就有人通知了他，司馬昭立即派兵阻截，殺了曹髦。

之後司馬昭立曹操的孫子曹奐為帝，曹奐毫無實權，完全是司馬昭的傀儡。

後來，人們用「司馬昭之心，路人皆知」來說明陰謀家的野心非常明顯，為人所共知。

書法的發展

漢末魏晉時期，書法有了很大的發展。漢隸書法筆勢生動，風格多樣，又較古隸工整，是西漢至漢末的通用書體。

魏晉時期，漢隸定下了迄今為止方塊漢字的基本形態。

　　同時，隸書產生、發展、成熟的過程又孕育出真書（楷書），而行、草書幾乎是隨著隸書的產生而出現的。因此魏晉年間，隸書、真書、行書、草書的發展和定型是漢字書法史上的一個巨大變革，具有跨時代的意義。

　　漢魏之際的蔡邕、崔瑗、張芝、劉德升等人都是書法名家，而鍾繇則以楷書而聞名。

　　鍾繇，字元常，是三國時曹魏穎川（今河南許昌）人。因為做過太傅，世稱「鍾太傅」。他的書法以曹喜、蔡邕、劉德升為師，博採眾長，兼善各體，尤精小楷。其結構樸實嚴謹，筆勢自然，開創了由隸書到楷書的新貌，對於書法的發展有開創性的貢獻，為歷代所尊崇，和晉代的王羲之並稱「鍾王」。

西晉（公元二六六年～公元三一六年）

司馬炎代魏稱帝

公元二六五年，司馬昭死後，其子司馬炎即位為相國、晉王。公元二六六年，司馬炎將魏元帝曹奐廢為陳留王，自己即位為皇帝，是為晉武帝，改國號為晉，定都洛陽，史稱「西晉」，魏國就此滅亡。

司馬炎即位後，為了避免曹魏因宗室力量弱小而被權臣篡位的前車之鑑，大肆分封宗室、外戚為王，使其掌握兵權，並解除州郡的武裝。司馬炎又於公元二八○年攻滅吳國，孫皓投降，結束了自東漢末年開始的分裂局面。

司馬炎完全是在司馬懿、司馬師、司馬昭等人功業的基礎上建立西晉的，他即位後荒淫好色，統治昏庸，曾於公元二七三年禁止全國婚姻，以便從民間挑選宮女，滅吳後還將孫皓後宮的五千名宮女納入後宮。

當時西北少數民族內遷時與漢族產生了矛盾，司馬炎並沒有好好解決這些問題。其統治為以後的八王之亂和永嘉之亂埋下了禍根。

🐉 分封公侯

司馬炎代魏稱帝後，開始思考自己的奪位過程，他認為曹魏之所以國強民富卻被自己輕而易舉地奪得政權，原因就是當年曹丕立下「刻薄宗親」的規矩。

曹丕為了確保嫡脈子孫皇權的穩固，對幾乎所有皇室宗親都進行了打壓，皇室宗親雖可封王卻無兵權，無詔不得進京，宗王之間不得互相往來，而且宗王不能久居一地，其封地還頻頻更換。所以在自己謀朝篡位的時候，曹氏的宗王只能眼睜睜看著卻無能為力。

有鑑於此，司馬炎便效仿當年的劉邦，大封宗王，他一口氣封了二十七個司馬氏宗王，包括他的叔祖、叔父、兄弟、堂兄弟、子侄等（其中就有後來發動八王之亂的八位王爺）。每個宗王少則有數千兵馬，多則上萬，並且在自己的封郡裡有極大的權力。

司馬炎在位時一共封了五十七個同姓王，此數字後來一直保持著中國歷代封王的最高紀錄。

但他沒有想到的是，恰恰是此舉為晉朝帶來了災難，正是這些手握實權的公侯，使晉朝在亂哄哄的廝殺、仇恨和分裂中度過了兩百年的歷史。

🐉 頒行戶調式制度

由於租稅沉重，曹魏時期實行的屯田制漸漸瓦解，屯田民和屯兵紛紛逃亡或起義。

西晉建立後，為了保證賦稅來源，充實國庫，開始廢除屯田制，改屯田民為自耕，改屯田官為郡守縣令，並收取租稅。公元二八〇年，西晉統一全國後，又開始實行戶調式制度。戶調式包括占

田制、課田制、戶調制等。

所謂占田制，即對士族、官僚、地主占有的土地、佃戶、蔭戶，以及自耕農占有的土地，有一個最高份額的限制。農民中男子最高可占田七十畝，女子三十畝。

所謂課田制，指的是國家按課田數徵收田租，並規定丁男課田五十畝，丁女二十畝，每畝交租八升。

而戶調制是指按戶徵稅，丁男之戶，每年交絹三匹、綿三斤，丁女及次丁男立戶減半。

同時西晉還實行蔭親制，規定官員根據官職的不同，一品可占田地五十頃，以下每低一品減田五頃。而且官員除了可以不課田、不繳戶調之外，還可按官位高低，蔭其親戚，多者及九族，少者三世。新賦稅制度的實施，使西晉增加了稅收，有利於社會安定和農業發展，但並未改變大地主所有制的狀況。

🐉 西晉滅吳

孫權死後，吳國國內因王位之爭而陷入混亂，王室內部鬥爭激烈。

公元二六四年，孫休死後，群臣擁立孫皓即位。孫皓即位後統治暴虐，沉迷於歌舞酒色，還曾經遷都武昌，大興土木，浪費民力，漸漸失去了民心。而此時的魏國已經滅掉蜀國，占有全中國三分之二以上的土地，實力強大。於是，司馬炎稱帝後，便立即著手準備滅掉吳國。

公元二六九年，司馬炎派羊祜都督荊州軍事，鎮守襄陽。期間羊祜安撫百姓，操練士兵，打造艦船，建立了伐吳基地，為攻打吳國奠定基礎。公元二七二年，司馬炎提拔王濬任益州刺史，

操練水軍，為伐吳作準備。

公元二七八年，羊祜病逝後，司馬炎又任命杜預為鎮南大將軍，都督荊州軍事，以繼續羊祜未竟的大業。公元二七九年，司馬炎下詔伐吳。而此時的吳主孫皓只顧玩樂，絲毫沒有把晉國的威脅當回事。公元二八〇年，晉國分六路大軍攻打吳國，勢如破竹，一路挺進，吳軍節節敗退，防線迅速崩潰。三月，晉國大將王濬自武昌直取建業，晉軍兵甲滿江，旌旗遮天，吳軍望旗而降。三月十五日，王濬率領八萬士兵進入石頭城（今江蘇南京北郊），孫皓投降。

至此，吳國滅亡，西晉統一了全國。

石崇、王愷鬥富

司馬炎滅吳後，天下一統，便開始了奢侈的生活。

此時晉朝上下一片奢靡之風，王公大臣更是爭豪鬥富，其中以石崇、王愷鬥富為最。石崇滅吳有功，深得晉武帝器重，被封為南中郎將，荊州刺史，後升為太僕。

據史載，石崇在荊州「劫遠使商客，致富不貲」（掠劫商客以致富）。石崇在洛陽西北郊外建了一個別墅，叫做「金谷園」。據說此園宏麗雅致，松竹流泉，清幽滴翠，又有美女數百，爭奪鬥豔。石崇經常在此宴請賓客，生活極其奢侈豪華，朝中大臣無不嘖嘖讚歎，羨慕不已。

而王愷是晉武帝司馬炎的母舅，他對石崇的豪富不服氣，於是一場鬥富正式拉開序幕：王愷讓家人以飴糖代水洗鍋，石崇便讓家人用白蠟代替柴薪做飯；王愷用珍貴的紫絲做了一道四十里的行幕，石崇便用錦做了五十里；王愷用專供皇家御用的香椒塗牆，石崇則用比香椒更為名貴的赤石脂抹壁；最後王愷從晉武帝司馬炎那

184

裡借得一株高三尺、光澤奪目、色彩斑斕的珊瑚樹！本想憑此一舉壓過石崇。卻沒想到被石崇一擊打碎，然後從家中抬出六七棵有三四尺高、更為珍貴罕見的珊瑚樹。

晉惠帝愚蠢禍國

晉惠帝司馬衷是歷史上有名的白癡皇帝。

晉武帝司馬炎一共有二十六個兒子，其中楊皇后生有三個兒子，長子司馬軌，次子就是司馬衷，三子為司馬柬。長子司馬軌早夭，司馬衷遂成了嫡長子。

歷來的史書中，多以「白癡」或「甚愚」來描述司馬衷，司馬炎對於立其為太子一直以來比較猶豫，但是楊皇后說自古立嫡立長不立賢，不能違反古制；再者司馬衷還小，可能是大器晚成呢。於是司馬炎最終還是立司馬衷為太子。

據說有一次司馬衷在御花園裡玩，恰逢初夏季節，池塘邊的草叢間，響起一片蛤蟆的叫聲。晉惠帝呆頭呆腦地問身邊的太監：「這些小東西叫，是為官家，還是為私人呢？」太監們面面相覷，不知該怎樣回答，有個比較機靈的太監一本正經地說：「在官地裡的為官家，在私地裡的為私家。」司馬衷似懂非懂地點點頭。

有一年各地鬧饑荒，老百姓餓死很多，晉惠帝知道後就問大臣：「好端端的人怎麼會餓死？」大臣回奏說：「當地鬧災荒，沒糧食吃。」惠帝忽然靈機一動，說：「為什麼不叫他們多喝點肉粥呢？」大臣們聽了，個個目瞪口呆。

司馬衷即位後，立開國元勛賈充之女賈南風為皇后，此後朝中大權盡落於賈皇后之手，她甚至假造晉惠帝詔書，害死皇太后和太子司馬遹。司馬氏諸王不滿賈氏專權，紛紛想殺賈氏而掌大權，於

是便發生了晉朝歷史上有名的「八王之亂」。自此，晉朝原本就衰弱的統治進一步惡化並一蹶不振。

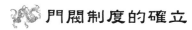 門閥制度的確立

門閥制度起於東漢後期，於曹魏、西晉得到建立。

關於「門閥」的來歷，據說古代官宦人家的大門外有兩根柱子，左邊的稱「閥」，右邊的叫「閱」，用來彰顯功狀。因此後人把世代為官的名門望族稱為閥閱、門閥士族。門閥，是門第和閥閱的合稱，又稱門第、衣冠、世族、士族、勢族、世家等。

大土地所有制、封建大家族與宗族，以及儒學三者相結合後的統一與發展，是門閥制度出現和持續存在的前提。

門閥制度的最主要特徵在於按門第高下選拔與任用官吏，個人的出身背景對於其仕途的影響，遠大於其本身的才能與專長，造成了國家重要的官職往往被少數士族所壟斷。

曹魏以來九品中正制的實行，使各級官職逐漸被世家大族壟斷，促進了門閥制度的形成。

而且東漢末年連綿戰亂，使官府和私人的書籍大量焚毀損失，另外不斷的戰爭對兵役、徭役等的需要又大大增加，再加上玄學清談的流行，使原有的公私學校漸漸廢棄。所以貧窮的庶人、寒士甚至某些低級士族，很難找到書籍和經師，提高文化水準，學習統治經驗。這樣他們就無法像漢代普通「布衣」那樣進入士人行列，更談不上躋身廟堂，為君主出謀劃策了。

陳壽作《三國志》

陳壽，字承祚，巴西安漢（現在四川南充）人，西晉史學家。

陳壽少時好學，拜學者譙周為老師，在蜀漢時曾任衛將軍主簿、東觀祕書郎、觀閣令史、散騎黃門侍郎等職。

西晉建立後，司空張華欣賞他的才華，就讓他出任著作郎、平陽侯相等職。公元二八〇年，晉滅東吳，結束了分裂局面，陳壽當時四十八歲，開始撰寫《三國志》。

這是一部記載魏、蜀、吳三國鼎立時期的紀傳體國別史。其中，《魏書》三十卷，《蜀書》十五卷，《吳書》二十卷，共六十五卷。記載了從漢靈帝中平元年（公元一八四年），到晉武帝太康元年（公元二八〇年）九十多年的歷史。

陳壽是晉臣，晉是承魏而有天下的，所以，《三國志》便尊魏為正統。在《魏書》中為曹操寫了本紀，而《蜀書》和《吳書》則只有傳，沒有紀，記劉備為《先主傳》，記孫權則稱《吳主傳》。

《三國志》成書之後，由於敘事過於簡要，到了南朝宋文帝時，著名史學家裴松之便為其作注，又增補了大量材料。魏、蜀、吳三書原是各自為書，一直到北宋才合而為一，改稱《三國志》。

史學界把《史記》、《漢書》、《後漢書》和《三國志》合稱前四史，視為紀傳體史學名著。

洛陽紙貴

左思，字太沖，齊國臨淄（今山東淄博）人，晉代文學家。

左思其貌不揚，少年時有口吃，而且不愛學習，曾學習書法古琴等，皆無所成就，後來經父親的激勵，暗下決心刻苦學習。他整天認真鑽研用詞造句寫文章，甚至連話也很少說，終於成為一位學識淵博的人。

左思詞藻壯麗，曾用一年時間寫成《齊都賦》，後來又用了整

整十年的工夫，完成了《三都賦》，分為《魏都賦》、《蜀都賦》、《吳都賦》，是一部描寫魏、蜀、吳三國的都城——洛陽、成都、建業的文章，而實際上對魏、蜀、吳三個國家的概況也都有所涉及。

為了這個作品，他非常的辛勤，曾經在室內、庭院、廁所等地方都掛上了紙筆，不管走到哪，只要想到一個好句子，就隨手寫在紙上。為了寫好這篇文章，他廣泛地收集材料，凡賦中提到的山川、城市、風俗、歌謠、音樂、舞蹈，甚至花鳥草木，他都要對照查實。

完成這篇作品後，他帶著文章去拜訪當時名氣很大的皇甫謐，皇甫謐看後拍案叫絕並為其寫了序文。之後《三都賦》被人們爭相傳看，京城裡有錢有地位的人都爭著買紙抄寫閱讀，一時洛陽的紙價格大漲，這就是後人津津樂道的「洛陽紙貴」的故事。後來「洛陽紙貴」被用來比喻著作風靡一時，流傳甚廣。

🐉 八王之亂

公元二九〇年，晉武帝司馬炎臨終時，命皇后的父親楊駿為太傅、大都督，掌管朝政。

白癡皇帝晉惠帝即位後，皇后賈南風為掌握政權，於公元二九一年與楚王司馬瑋合謀殺死楊駿，而大權卻落在汝南王司馬亮和元老衛瓘手中。當年六月，賈后指使司馬瑋殺司馬亮，然後反誣他假傳旨意擅殺大臣，將瑋處死，賈后遂執政。

從此，諸王為爭奪統治權，展開了極其兇殘的內戰，史稱八王之亂。

先是趙王倫聯合齊王冏起兵殺死賈后，並於公元三〇一年自立為皇帝，改立晉惠帝為太上皇。趙王倫篡位後，許昌的齊王冏起兵

討伐倫，成都王穎與河間王顒舉兵響應，一同擊敗趙王倫，隨後齊王冏以大司馬入京輔政。公元三〇二年底，河間王顒起兵討冏，洛陽城中的長沙王乂也舉兵入宮殺齊王冏，政權又換手。

公元三〇三年，河間王顒、成都王穎又合兵討伐長沙王乂，二王的聯軍屢次為長沙王所敗。次年正月，洛陽城裡的東海王越與部分禁軍合謀，擒長沙王乂。

成都王穎入洛陽為丞相，以皇太弟身分專政。之後東海王越對成都王穎的專政不滿，率領禁軍攻打成都王穎，反被成都王穎擊敗，於是逃往自己的封國。與此同時，河間王顒派張方率軍占領洛陽。

公元三〇五年，東海王越又從山東起兵進攻關中，擊敗河間王顒。公元三〇六年東海王越迎晉惠帝回洛陽，成都王穎、河間王顒相繼為其所殺，大權落入東海王越手中，晉惠帝成為傀儡，於同年被害死。八王之亂至此終結。

五胡內遷

從東漢中期開始，受中原發達的經濟文化吸引，西北地方的少數民族開始陸陸續續地向黃河流域遷徙，主要有匈奴、鮮卑、羯、氐、羌等民族，歷史上泛稱為「五胡」。

魏晉時期，連年戰亂使得漢族人口銳減，統治者為了發展農業，增加兵力，也不斷地招徠他們與漢族雜居，同時，各個少數民族之間的兼併戰爭也使一些民族不斷內遷。

到西晉時期，五胡已經在黃河以北形成了一定的規模，居住在中國的北部、東部和西部，尤其是并州和關中一帶。內遷的西北各族人口大約占了關中人口的一半以上，在漢族的影響下，這

些內遷的外族逐漸由遊牧生活轉向農業定居，胡漢之間相互影響和滲透，逐漸打破了地域、血緣、文化等方面的界限，促進了民族之間的融合。

不過在交融的同時，也產生了一定的矛盾，西晉統治者將沉重的苛捐雜稅、徭役加到內遷各族人民身上，還強迫他們參軍作戰。於是各族人民起義不斷，一些胡人貴族趁著八王之亂割據一方，進行反晉活動，最終導致了西晉的滅亡，而且造成了東晉時期十六國割據混戰的局面。

永嘉之亂

在魏晉之際，西北地方的少數民族不斷往黃河流域遷徙，史稱「五胡內遷」。

五胡內遷在促進民族交流和融合方面有一定的意義，但由於西晉統治者的壓迫，胡漢民族之間也存在一定的矛盾。而此時的西晉政府發生了爭奪中央權力的「八王之亂」，無暇他顧，因此為後來的戰患埋下了種籽。

八王之亂後期，匈奴貴族劉淵占據平陽，氐人李雄占據成都，晉室已告分裂。之後羯人石勒、王彌又率軍隊乘虛流竄，蹂躪大河南北。

公元三〇四年，劉淵在左國城（今山西離石）起兵反晉，自稱漢王。

公元三〇七年晉惠帝死後，司馬熾嗣位，是為懷帝，改元永嘉。劉淵遣石勒等大舉南侵，屢破晉軍，勢力日益強大。公元三〇八年，劉淵自立於平陽，建立漢國。兩年後，其子劉和繼立。同年，劉和死於宗室內鬥，其弟劉聰繼位。次年，劉聰遣石勒、王

彌、劉曜等率軍攻晉，在寧平城（今河南鹿邑西南）殲滅十萬晉軍，又殺太尉王衍及諸王公。

公元三一一年，匈奴兵攻陷西晉京師洛陽，俘虜了晉懷帝。之後縱兵燒掠，殺三萬餘人，史稱「永嘉之亂」。

匈奴兵攻入長安

司馬鄴是晉武帝之孫，吳王司馬晏之子，被封為秦王，駐守長安。

公元三一一年，劉聰率匈奴兵攻陷洛陽，俘虜晉懷帝，群臣擁立司馬鄴為太子。公元三一三年，晉懷帝被劉聰毒死後，司馬鄴又被擁立為皇帝，是為晉愍帝，改年號建興。但此時西晉的皇室世族已紛紛遷至江南，西晉王朝已經名存實亡。

公元三一六年，劉曜率軍圍攻長安，形勢危急，各路援兵相繼趕到，但畏於漢軍聲勢，互相觀望。不久，城內糧草斷絕，無法拒守，劉曜乘勢攻陷長安。晉愍帝只好赤背露肩，驅車出城往劉漢軍營投降，群臣悲泣。

劉曜將他押到平陽，廢封為光祿大夫，西晉王朝宣告滅亡。至此，西晉歷司馬炎、司馬衷、司馬熾、司馬鄴四位皇帝，僅存在了五十一年。

玄學的盛行

魏晉時期，軍閥割據混戰，王朝更迭頻繁，社會衝突和民族矛盾尖銳，社會動盪不安，儒學的大一統思想不再適應當時的形勢，其獨尊地位也隨之瓦解。

而統治階級需要一種新的理論來維護統治，地主和世族階級也

需要一種精神武器來逃避無盡的現實鬥爭，於是玄學也應運而生。

曹魏時期的何晏、王弼是玄學的創立者，他們將道家和儒家的《老子》、《莊子》、《易經》稱為「三玄」，並與佛教經義相融合，形成了一種新的唯心思想體系。

玄學家們以先秦道家的「無為」、「自然」等思想來解釋儒家的倫理綱常，玄學與道家的本體論、孔子的大同世界相比，是更傾向於個體化、更傾向於現實的哲學。它有著深刻的社會基礎，玄學之士們雖然談的都是本與末、有與無等哲學問題，但其內容與當時的社會現實密切聯繫。他們崇尚清談，雖然不敢公開表達對當朝掌權者的不滿，但常常以放浪不羈、藐視禮法的形象表達對現實的不滿。

「竹林七賢」中的嵇康、阮籍通過作詩，以寄託、象徵等手法，隱晦曲折地表達對統治者的不滿，諷刺虛偽的禮法之士，是當時的代表人物。

東晉（公元三一七年～公元四二〇年）

永嘉南渡

　　永嘉是西晉懷帝司馬熾的年號。西晉末年，中原地區爆發了長達十六年的「八王之亂」，西晉政權風雨飄搖，混亂不堪。

　　而當時，北方少數民族的勢力不斷強大起來，他們紛紛起兵，反抗腐朽的西晉政權，建立了獨立的少數民族政權，並趁西晉內亂之際，興兵南下，進攻中原。歷史漸漸進入了分崩離析的五胡十六國時期。

　　公元三〇八年，匈奴貴族劉淵稱帝，建立後漢。公元三一一年，後漢劉曜攻下洛陽，中原人民遭受了屠殺焚掠，繁華的洛陽化為灰燼，一片慘敗的景象。晉朝的王公貴族和老百姓們為了逃避戰亂，紛紛舉族南遷，大量人口從中原地區遷往長江中下游，史稱「衣冠南渡」或「永嘉南渡」。

　　這是歷史上的一次大移民，從經濟上來說，促進了江南地區的發展。

聞雞起舞

　　祖逖（公元二六六年～公元三二一年），字士稚，東晉名將。

祖逖是個胸懷坦蕩、具有遠大抱負的人,但他小時候酷愛玩耍,不愛讀書。青年時的他意識到自己知識的貧乏,不能報效國家,於是他奮發讀書,學問大有長進。

他有個好朋友叫劉琨,兩個人曾一起擔任過司州主簿。那個時候他們兩人常常一起讀書,一起討論國家大事。

祖逖和劉琨都是熱血青年。一天夜裡忽然三聲雞叫把祖逖從夢中驚醒,他推醒劉琨說:「都說半夜聽到雞叫不吉利,但我不這樣認為。如果想要保衛國家,一定要有過人的本領,以後我們聽到雞叫就起來練功如何?」

劉琨非常贊成。於是兩個人披衣下床,摘下刀劍,來到院子中。只見祖逖和劉琨一個揮舞大刀,一個手持長劍,刀光劍影劃破天空。就這樣,無論是酷暑還是寒冬,不管是颳風還是下雨,只要雞一叫,祖逖和劉琨就起來練功夫。

後來,祖逖被封為鎮西將軍,實現了報效國家的願望;劉琨做了征北中郎將,兼管并、翼、幽三州的軍事。

司馬睿建立東晉

司馬睿,字景文,司馬懿曾孫,司馬覲之子,十五歲即位為琅琊王。

劉淵起兵後,中原大亂,司馬睿用王導之計,上表請求移鎮建鄴(今江蘇南京)。公元三○七年,朝廷任命司馬睿為安東將軍,移鎮建鄴,王導相隨南下。司馬睿在王導、王敦等人的輔助下,結交當地士族,平定叛亂,終於在江南立足。

公元三一六年,劉曜攻下長安,西晉末代皇帝晉愍帝投降被俘,西晉滅亡。

公元三一七年，晉愍帝遇害的消息傳到建鄴後，司馬睿的幕僚紛紛上表勸他即位。隨後，司馬睿於建鄴即位稱帝，改元大興，是為晉元帝。新的政權偏居江南，據有長江中下游及淮河、珠江流域地區，史稱東晉。

司馬睿即位後宣布大赦天下，文武百官都官升二級。同時為了避晉愍帝司馬鄴的諱，將建鄴改稱建康。

祖逖北伐

祖逖為東晉名將，少有大志，年少時曾「聞雞起舞」來磨練自己的意志和武功。

永嘉之亂後，祖逖率親鄰百餘家南下，當時任鎮東大將軍的司馬睿封他為徐州刺史。祖逖曾上書司馬睿，請求北伐，而司馬睿當時忙於發展江左勢力，無心北伐。

公元三一三年，司馬睿任命祖逖為奮威將軍、豫州刺史，讓他北伐，但只給了他一千人的糧餉和三千匹布。祖逖帶著隨他南下的部曲百餘家北渡長江，中流擊楫宣誓：「祖逖不能清中原而復濟者，有如大江！」

到淮陰後，祖逖招募兵士，鑄造兵器。祖逖帶兵紀律嚴明，深得百姓愛戴，在九年的時間裡從後趙手中收復了黃河以南的廣大土地。

但隨著祖逖部隊的不斷擴大，引起了司馬睿的猜忌，於是派戴淵取代他掌管剛收復的北方六州的軍事。而此時王敦勢力坐大，與晉元帝衝突日盛，東晉政府內亂不止，更加無心北伐，祖逖憂憤交加，不久病逝。剛剛收復的河南六州再次落入敵手。

🐉 王導歷仕三帝

王導（公元二七六年～公元三三九年），字茂弘，琅邪臨沂（今山東臨沂）人。琅邪王氏自太保王祥以來，一直是西晉的名門望族。西晉末年，王導為琅邪王司馬睿獻策移鎮建鄴，並聯合江南世族，擁護司馬睿稱帝，官拜丞相。

司馬睿能在江南重建和中興晉室，北方士族王導、王敦等琅邪王氏有很大功勞。王導更是東晉政權的奠基人，被稱為「江左夷吾」。東晉建立後，王導主持東晉朝政，成為朝廷重臣，而軍事上由其族弟王敦把持大權，王氏成為東晉第一世族，時人謂之「王與馬，共天下」。

王導為政清廉，建樹頗多，他調節了王氏和司馬氏之間的關係，在王敦叛亂時維護晉元帝的統治，依靠永嘉之亂後南下的北方士族，並團結江南士族，穩定了東晉在南方的統治。

公元三二二年，晉元帝死後，晉明帝司馬紹即位，王導繼續輔佐明帝。東晉第三代皇帝晉成帝司馬衍即位時年幼，由庾太后輔政，庾太后死後由王導與外戚庾亮等共同輔政。在元、明、成三帝時，王導都被任命為輔國重臣，他用「鎮之以靜，群情自安」的方針，保持了東晉的安定局面。

🐉 謝安相東晉

謝安，字安石，祖籍陳郡陽夏（今河南太康），東晉政治家、軍事家。

謝安隨其家族於永嘉之亂後渡江南下，隱居在會稽。謝安自幼聰智，青年時以其名士風度聞名當時，但他以世道混亂，屢次拒絕

入朝為官。雖然如此，他對政局有明智的見解，十分關心國家大事，最初擔任桓溫征西將軍府的司馬，由此步入仕途，短短數年間，謝安由文士成為東晉一代名相，之後擔任太保兼都督十五州軍事兼衛將軍等職。

公元三八三年，北方的前秦在丞相王猛的治理之下不斷強大起來，前秦宣昭帝苻堅欲一舉統一南方，親自率領前秦八十萬大軍，攻打東晉。此戰中謝安率領東晉八萬士卒打敗了前秦的八十萬大軍，使國家轉危為安，而且留下了「八公山上，草木皆兵」的歷史佳句。

可貴的是，在他功名成就時，還能急流勇退，不戀權位，被世人視為「高潔」的典範。

桓溫北伐

桓溫，字元子，譙國龍亢（今安徽省懷遠）人，東晉大司馬。

桓溫是個很有軍事才能的人，公元三四七年，帶兵進入蜀地，滅掉成漢，替東晉王朝立下了大功。東晉王朝雖然獲得了暫時的穩定，但是好景不長，北方又發生了動亂。公元三五○年，先是後趙發生內亂，趙大將軍冉閔稱帝建魏，史稱冉魏；鮮卑首領慕容皝又滅了冉魏，建立前燕；公元三五二年，氐族苻健乘機占領關中，建立了前秦。

公元三五四年，東晉的第五個皇帝晉穆帝派將軍桓溫率四萬大軍，從江陵出發進軍關中，討伐前秦政權，是為第一次北伐。前秦國主苻健派兵五萬阻撓晉軍，被晉軍打得落花流水。晉軍勝利進軍長安郊區灞上，郡縣官員紛紛投降，受到當地百姓的歡迎。

桓溫駐兵灞上，想等關中的麥子熟了，搶收麥子充足軍糧，收

復關中，消滅前秦。可苻健也厲害，他料到了桓溫的打算，就把還沒熟的麥子全部割光。桓溫沒收到一粒麥子，軍糧斷絕無法再戰，只好退兵。

公元三五六年，桓溫被升為征討大都督，再次北伐，這次他收復了被前燕占領的洛陽，他曾多次上書朝廷，建議東晉遷都洛陽，但東晉朝廷無意北遷，桓溫只好退兵南歸，前燕再次占領洛陽。

公元三六九年，晉廢帝司馬奕在位，桓溫把持朝政，開始第三次北伐，進攻前燕，一直打到枋頭，後來，因為被前燕切斷糧道而失敗。

王羲之作《蘭亭集序》

魏晉時期，書法有很大的發展，而王羲之就是東晉時期最著名的書法家，被後世尊為「書聖」，與其子王獻之合稱「二王」。

王羲之，字逸少，號澹齋，祖居琅琊臨沂，永嘉之亂後南下遷到建康（今南京市），曾任會稽內史，右軍將軍，因此人稱「王右軍」、「王會稽」。傳說王羲之家附近有一個小池，他每次練完書法後都在那裡洗筆硯，久而久之，洗硯池裡的水都變成了黑色。

王羲之兼善隸、草、楷、行，並廣採眾長，自成一家，被後人譽為「飄若遊雲，矯若驚龍」，其代表作品有《黃庭經》、《樂毅論》、《快雪時晴帖》、《初月帖》等。而尤以《蘭亭集序》為歷代書法家所敬仰，被譽為「天下第一行書」。

公元三五三年，王羲之與謝安等四十一人在會稽山陰的蘭亭參加修禊之會（古代習俗，聚於水濱嬉戲洗濯，驅除不祥並祈福）。所在諸人流觴曲水，賦詩唱和，名士作詩三十七首，合成詩集，而王羲之揮毫潑墨，為詩集作序，記敘了這次集會的盛況，並抒發了

自己的人生感懷，這便是著名的《蘭亭集序》。其文章清新優美，書法遒健飄逸，被歷代書法界奉為極品。

王羲之在中國書法史上具有承先啟後的特殊地位，其書法作品成為歷代學習的楷模。

淝水之戰

淝水之戰是公元三八三年北方的前秦和東晉之間的一場大戰，是中國歷史上以少勝多的著名戰例，「風聲鶴唳」、「草木皆兵」等成語都出於此戰。

當時北方的前秦日益強大，使北方短暫的統一，並欲趁勢滅掉南方的東晉，於是苻堅調集涼、冀、幽、益等州兵馬八十多萬人，分路南下。

此時東晉政權由謝安把持，他臨陣不亂，命謝石、謝玄、桓伊等率北府兵八萬迎敵。兩軍於淝水（今安徽省壽縣）列陣，前秦軍沿著淝水布陣，晉軍無法渡河，只能隔岸對峙。

晉軍將領謝玄派人對苻堅說：「請你把軍隊稍向後撤，讓出一塊地方，使晉軍渡過淝水，兩軍再一決勝負。」秦軍諸將都表示反對，但苻堅認為可以將計就計，秦軍後退，待晉軍半渡之際，再用騎兵攻擊，這樣就可以取得勝利，於是指揮軍隊後撤。

不料秦兵的後退使卻意外造成士氣低落，後面的隊伍還以為前面打了敗仗，結果一退就失去了控制，陣勢大亂。謝玄趁勢搶渡淝水，猛烈攻擊。秦兵隊裡有人喊：「秦軍敗了！」秦軍信以為真，於是爭相逃命。統帥苻融見勢不妙，急忙騎馬前去阻止，結果被亂軍衝倒，踐踏而死。

秦軍失去統帥後徹底崩潰，一路向北敗退，晉軍乘勢猛追，秦

軍晝夜逃奔，絲毫不敢停留，聽到風聲鶴唳也以為是晉軍追兵。秦兵人馬相踏而死甚眾，逃回洛陽時僅剩十餘萬。

此戰之後，前秦國勢急轉直下，手下的將領紛紛叛逃，北方再次陷入了割據混戰局面。

桓玄之亂

桓玄，字敬道，名靈寶，為東晉大司馬桓溫之子。

公元三九六年，孝武帝司馬曜死後，東晉安帝司馬德宗即位。晉安帝昏庸懦弱，只是個傀儡皇帝，他即位後內有司馬道子、司馬元顯父子總攬大權，外有桓玄與劉牢之、司馬尚之等人割據，加上建康以南的孫恩叛亂，國內亂作一團。

而桓玄在東晉混亂的政局中，節節勝利，逐漸掌握了朝廷最高權力。公元三九九年，他消滅了荊、雍二州的勢力，占據長江中游一帶。次年，朝廷不得已任命桓玄為都督荊、司、雍、秦、梁、益、寧、江八州及揚、豫八郡諸軍事、後將軍。公元四〇二年，權臣司馬元顯派劉牢之率領晉軍北府兵的精銳討伐桓玄，劉牢之擔心消滅桓玄後會危及自己，因此不戰而降，打算趁機奪權。

桓玄順利攻占建康，誅殺司馬元顯和北府軍將領，自任為太尉，完全掌控了國政。公元四〇三年，又自任為大將軍、相國，封楚王，封地有十郡，並加九錫。同年，東晉安帝被迫禪位於桓玄。桓玄正式稱帝，國號楚，改元永始。

桓玄即位後驕奢淫逸，致使朝政腐敗，人心離散。他稱帝後不久，公元四〇四年，東晉大將劉裕帶兵征討桓玄，桓玄兵敗被殺，晉安帝得以復位。

陶淵明不為五斗米折腰

陶淵明，字元亮，號五柳先生，東晉末期著名詩人、文學家。

陶淵明出生於一個沒落的官宦家庭，因家庭貧寒，二十九歲才出來做官，曾擔任過江州祭酒、鎮軍參軍、建威參軍及彭澤縣令等小官。

陶淵明擔任彭澤縣令時，為官清廉，深受百姓愛戴。有一次，潯陽郡的督郵來檢查公務，此人為人貪婪，頤指氣使，到了彭澤便叫縣令陶淵明來拜見他，而且還要帶著禮品。陶淵明終於因「不為五斗米折腰」（五斗米：東晉時縣令的俸祿）而辭官回家，從此過起了「採菊東籬下，悠然見南山」的隱居生活，直至公元四二七年病故。

陶淵明隱居的這段時間是他創作最豐富的時期。他流傳至今的作品有詩一百二十餘首，另有文、賦等十餘篇，其詩作以清新自然而聞名於世，被稱為「田園詩人」。

其主要作品有《歸園田居》、《五柳先生傳》、《歸去來兮辭》、《桃花源記》等，《桃花源記》描述了一個他所憧憬的社會，那裡和諧美好，沒有戰亂，人人自食其力。後世將「桃花源」當成美好社會的象徵。

劉裕北伐

劉裕自小家境貧寒，但很有雄心壯志，他於公元三九九年參加鎮壓孫恩、盧循叛亂的戰爭，屢立戰功，最終由一個北府軍的下級軍官被封為建武將軍、下邳太守、彭城內史。

在公元四〇四年討伐桓玄成功後，劉裕又被晉安帝封為侍中、

車騎將軍、徐州兗州刺史等職位，從此控制了東晉朝政，權傾天下。

公元四〇九年，南燕軍隊侵擾淮北，劉裕上書皇帝要求北伐。當時，南燕王慕容超是個昏君，朝廷內部爭權奪利，殺戮頗多。南燕軍隊人數雖多，但燕王慕容超沒有接受公孫五樓的作戰建議，致使兩軍交鋒時，南燕連戰連敗，最後被劉裕滅掉。

公元四一六年，劉裕再次北伐攻打後秦，此次北伐的時機很巧，當時後秦太子姚泓剛剛即位，政權不穩，正處在內外交困之中。晉軍北上受到群眾的大力支持，劉裕出征很順利，第二年就攻下長安，滅掉後秦。公元四一八年，受封為宋公，受九錫。次年進爵為宋王。

劉裕留下兒子劉義真鎮守長安，自己離開長安回到建康。後來，夏國進攻關中，劉義真撤回江南，北伐事業功虧一簣。

劉裕代晉

東晉大將軍劉裕於公元四〇四年擊敗桓玄，幫助晉安帝司馬德宗復位後，得以執掌朝政大權。此後劉裕平定了盧循之亂，又攻打盤踞四川的譙縱，收服了巴蜀地區。從公元四〇九年起，劉裕先後兩次率兵北伐，滅掉了北方的南燕和後秦。

這期間，劉裕除了長期征戰之外，還對東晉積弊已久的政治、經濟問題進行了整頓。主要有四方面：一是整頓吏治，二是重用寒門，三是繼續實行「土斷」，抑制兼併，四是整頓服役制度。劉裕對政治、經濟的整頓，痛擊了腐朽黑暗的貴族勢力，改善了政治和社會現狀，對人民的痛苦也有所減輕。此後劉裕威望大增，徹底執掌了朝政大權，並受封為宋王，受九錫。

　　權力的不斷增長，使劉裕有了做皇帝的野心。公元四一九年，劉裕殺害晉安帝後，又立司馬德文為晉恭帝，改年號為元熙。公元四二〇年，劉裕以禪讓之名將恭帝廢掉，自立為帝，定國號宋，改元永初，是為宋武帝。

　　東晉就此滅亡，南朝開始。

十六國（公元三〇四年～公元四三九年）

劉淵稱帝

　　劉淵，即漢光文帝，字元海，是五胡十六國時期漢國的建立者，是南匈奴單于於扶羅之孫，匈奴左部元帥劉豹之子，因為祖上是漢朝皇帝的外孫，所以改姓劉。

　　公元二一六年，曹操將匈奴分為五部，以劉豹為左部帥，劉豹死後，劉淵繼任為左部帥。公元二八九年，晉武帝司馬炎封劉淵為匈奴北部都尉。晉惠帝繼位後由楊峻輔政，楊峻封劉淵為漢光鄉侯。

　　八王之亂爆發後，劉淵被封為寧朔將軍，監五部軍事。公元三〇四年，劉淵開始策劃「興邦復業」，起兵反晉，自稱漢王，建都離石（今山西離石），追尊蜀後主劉禪為孝懷皇帝，立漢高祖以下三祖五宗為神主以祭之。之後劉淵頻繁入侵晉朝土地，不斷擴大勢力。公元三〇八年，劉淵正式稱帝，建立後漢，改元永鳳，遷都平陽（今山西臨汾西南）。

　　公元三一八年，漢國皇帝劉聰死後，宮室大亂，劉曜趁機奪得政權，在赤壁稱帝，次年遷都長安，改國號為趙，史稱前趙，後來被石勒的後趙所滅。

胡漢分治

胡漢分治是十六國時期胡族統治者實行的民族分治政策。

西晉末年，劉淵建立漢國後，設立單于左輔、右輔，專門治理胡人（泛指北方諸胡族）。劉淵之子劉聰繼位後，進一步健全胡漢分治制度，他以劉粲為大單于，設立左、右輔，各管六夷十萬落，每萬落設置一個都尉；另設左右司隸，專門治理漢人，各管二十餘萬戶，每萬戶設置一個內史。

羯族首領石勒建立後趙之後，也設置內史專門治理漢人，另外設置大單于鎮撫百蠻。後趙抬高羯族人的地位，稱為「國人」，嚴禁稱「胡」，凡是帶有「胡」字的物品都改名。石勒還制定了一條法令：無論說話寫文章，一律嚴禁出現「胡」字，違者問斬。雖然石勒嚴禁胡人欺凌漢族官僚地主，但實際上並無收效，有時漢族高官也不能倖免。

鮮卑貴族建立的後燕政權在後期也實行了胡漢分治政策。

胡漢分治政策實際上是依靠和利用匈奴及其他胡人貴族壓迫漢人，維護統治者的地位，這種政策加劇了當時的民族矛盾。

張寔建立前涼

公元三〇一年，涼州大姓漢族人張軌被晉朝封為涼州刺史，公元三一三年又封為西平公。

他占據涼州，招撫流民，鼓勵農桑、興辦學校，選賢任能，還鑄造了五銖錢，在全境發行使用，使涼州一帶經濟發展，社會安定，文化也有所發展，一度成為中原人民的避難所。

公元三一四年，張軌病死，其子張寔繼位。西晉滅亡後，張寔

仍然據守涼州，雖然沿用晉愍帝的建興年號，但實際上已成為割據
政權。公元三二〇年，張寔被部下所殺，其弟張茂繼位，改元永
元，前涼遂徹底成為獨立政權。公元三四五年，張寔的兒子張駿稱
涼王，以姑臧為都，史稱「前涼」。

張駿、張重華父子統治時期，前涼達到鼎盛，統治範圍包括甘
肅、寧夏西部以及新疆大部。公元三五三年張重華病死後，宗室內
亂不止，國勢大衰。公元三七六年，大秦天王苻堅率十三萬大軍進
攻前涼，張天錫投降，前涼滅亡。

前涼是十六國中存在時間最久的國家。

石勒建立後趙

石勒原本是奴僕出身，善於相馬，最初投奔在趙魏起兵的公師
藩，公師藩敗後亡命天涯，自號大將軍。之後又投奔漢主劉淵，不
斷征戰四方，曾攻破洛陽。

後來石勒勢力不斷增強，和劉曜不和。公元三一九年，石勒稱
趙王，並率兵奪取了青州和河南地。

劉曜自立為皇帝後，石勒曾多次帶兵攻打劉曜，於公元三二九
年殺死劉曜之子劉熙，前趙自此滅亡。

公元三三〇年，石勒正式稱帝，建都襄國（今河北邢台），建
立了後趙政權。石勒是五胡十六國時期頗為賢明的君主，他在前朝
制度的基礎上進行改革，完善禮儀，並開疆拓土，後趙一度統治著
西起河西，東至大海，北達燕代，南越淮河的大片地區，與東晉形
成了南北對峙局面。

公元三三三年，石勒病死後，太子石弘繼位，石勒的侄子石虎
為丞相、魏王、大單于，總攝朝政。公元三三四年，石虎廢掉石

弘，誅殺石勒諸子，遷都於鄴，公元三四九年稱帝。

公元三五〇年，石虎的養孫漢人冉閔（即石閔）乘政局混亂，發動政變，奪取政權，建立冉魏，後趙滅亡。

前趙的覆滅

公元三一八年，劉淵之子、漢國皇帝劉聰病死，太子劉粲即位，匈奴貴族靳準殺死劉粲，奪取政權，自立為漢天王。

鎮守長安的劉聰族弟劉曜得到消息，遂自立為皇帝，然後派遣軍隊到平陽，將靳準滅族。與此同時，石勒亦以討伐靳準為名，率軍至漢都平陽，於是，平陽、洛陽以東的地區，皆落入石勒之手，劉曜於是遷都到長安。

公元三一九年，劉曜改國號為「趙」，史稱前趙。同年，石勒在襄國自稱趙王，從前趙中分離出來，史稱後趙，雙方決裂。

此後，前趙和後趙之間多次開戰。公元三二八年，前趙和後趙大戰於洛陽，石勒率兵擒殺劉曜，消滅了前趙主力，太子劉熙等人放棄長安，逃奔上邦（今甘肅天水）。公元三二九年，後趙出兵攻占上邦，殺死前趙太子劉熙及諸王公侯、將相卿校以下三千餘人，遷徙其百官、關東流民、秦雍大族九千多人到襄國，前趙就此滅亡。

慕容皝建立前燕

西晉武帝時期，鮮卑族慕容廆部興起於遼西一帶，曾效忠西晉，自稱鮮卑大單于，在東晉時受封為大將軍。

公元三三七年，慕容廆的兒子慕容皝自稱為燕王，建都龍城（今遼寧朝陽）。

之後擊敗了後趙的二十萬大軍，解除了來自中原的壓力，又東

破扶餘及高句麗，攻滅鮮卑宇文部，成為遼西唯一的武裝勢力，為其子慕容儁入主中原打下基礎。

公元三五二年，慕容儁南下，滅掉冉魏後稱帝，遷都於薊，並在隨後的幾年內平定北方各地，於公元三五七年遷都鄴，控制了今天的山西、山東、河北、河南一帶，與位於關中的前秦平分黃河流域。

之後前燕開始大規模徵兵，準備攻滅東晉和前秦，統一天下，先後發動了對滎陽、許昌、汝南等地的攻擊，公元三六五年，太宰慕容恪親自率兵攻克了洛陽。此後，前燕在北方的統治日益穩固，獲得了對中原的控制權。

前秦建國

公元三五○年，氐族首領苻健帶兵進駐長安，占有關隴。公元三五一年，苻健自稱大秦天王。公元三五二年，苻健改稱皇帝，定國號為秦，史稱前秦。

苻健死後，其子苻生繼位。苻生殘暴濫殺，不理朝政，公元三五七年，苻健之姪苻堅殺死苻生，自立為皇帝。

苻堅即位後，加緊籠絡士人，重用王猛等漢族知識分子治理國家，加強中央集權，抑制氐族豪強的勢力。並在關中興修水利，招撫流民，發展農業生產，廣立學校，提倡儒學，從而使前秦的國力逐漸增強。

之後前秦不斷進行兼併戰爭，攻打其他國家，於公元三七○年滅掉前燕，公元三七三年奪取了東晉的梁、益二州，公元三七六年滅掉了前涼和鮮卑拓跋氏建立的代，公元三八二年又派兵進駐西域。

前秦逐漸統一了中原各地，成為了「東極滄海，西併龜茲，南包襄陽，北盡沙漠」的北方大國，和南方的東晉形成對峙之勢。

王猛治理前秦

王猛，字景略，北海郡劇縣（今山東濰坊壽光東南）人，後移家魏郡。幼年家貧，但好學不倦，成名後隱居華陰，為人氣度不凡，不拘小節。

公元三五四年，東晉大將桓溫北伐時，曾邀請王猛一同南返，被王猛拒絕。

苻堅素來對王猛十分敬仰，三五七年，苻堅自立為帝後，封王猛為中書侍郎，兩人志向相投，苻堅將王猛比做諸葛亮。數年之內，王猛接連升遷，歷任京兆尹、吏部尚書、司隸校尉等職。

氐人豪族樊世自認為跟隨先主苻健奪取關中，功勳卓顯，在朝堂上當眾向王猛表達不滿，並作勢要打王猛，被苻堅處死。從此王猛權傾朝野，開始實行改革。王猛整頓吏治，嚴刑峻法，打擊氐族豪強地主的勢力，加強中央集權。

在王猛的建議下，苻堅鼓勵耕作，發展民生，興辦學校，使前秦經濟快速發展，迅速成為北方最強大的國家。公元三六九年，桓溫北伐前燕，前燕向前秦求救，王猛採取了「先救後取」的策略，支援前燕。擊敗桓溫後，又以前燕毀約為由攻打前燕，占領洛陽。前燕亡後受封車騎大將軍。

在王猛的治理下，前秦成為北方勢力最強大的國家，中原地區短暫的統一。

慕容垂建立後燕

　　慕容垂原名慕容霸，字道明，鮮卑族人，是前燕皇帝慕容皝的第五子，自小深得慕容皝寵愛，後來得到慕容恪的賞識，曾為前鋒都督，被封為吳王。

　　公元三六九年晉將桓溫北伐，攻打前燕，在枋頭撤退，慕容垂曾以三萬騎追到襄邑（今河南睢縣），大敗晉軍。

　　後來前燕貴族內部鬥爭激烈，慕容垂被太傅慕容評逼走，率其族人降於前秦。

　　淝水之戰中，慕容垂被委派進攻襄陽，他暗中保存實力，前秦在淝水之戰中失敗後，派慕容垂到鄴援助苻丕，慕容垂趁機打敗了苻丕，自稱燕王，將河北據為己有。公元三八六年稱帝，仍以「燕」為年號，定都中山（今河北定縣），史稱「後燕」。

麥積山石窟的開鑿

　　麥積山石窟位於甘肅省天水市東南約三十五公里處，是中國四大石窟之一，是中國秦嶺山脈西端小隴山中的一座奇峰，高一百四十二公尺，孤峰突起，猶如麥垛，因此被稱為麥積山。

　　麥積山石窟大約於公元三八四年前後，由十六國的後秦開始修建，之後歷經西秦、北魏、西魏、北周、隋、唐、宋、元、明、清等十多個朝代的不斷開鑿、重修，成為中國著名的大型石窟之一。

　　南北朝時期，佛教在中國興盛起來，佛經的翻譯達到了空前的盛況，統治者開始大規模地興建與佛教相關的寺廟、雕塑，麥積山石窟在此時得以大規模地開鑿、修建。此後，清朝以前的朝代對其進行了不斷的重修、興建，記錄了各個朝代在雕塑和繪畫等領域的

新發展。

麥積山石窟雖然遭遇了多次地震等自然災害的破壞，至今仍然保存了各個朝代的石窟一百九十四個，泥塑像、石雕像等七千餘件，壁畫一千三百多平方公尺。其中有高浮塑、圓塑、粘貼塑、壁塑等，是瞭解南北朝至明清時代中國雕塑發展歷程的石窟，被稱為「東方雕塑陳列館」。

西秦的興衰

前秦苻堅即位後，將鮮卑酋長乞伏司繁任命為鎮西將軍，鎮守勇士川。司繁死後，其子國仁代鎮。

苻堅在淝水之戰中失敗後，公元三八五年，國仁招集諸部十餘萬人，自稱為大將軍、大單于，以勇士城為都，史稱西秦。於後又被前秦封為苑川王。

公元三九四年，國仁之弟乾歸侵占了隴西，改稱秦王。公元四○○年，遷都苑川，同年，乞伏乾歸被後秦打敗，於是投降後秦姚興，成為其屬國。公元四○九年，乞伏乾歸又從後秦逃回苑川，西秦復國，仍然定都苑川。公元四三一年，夏軍攻圍南安，滅西秦。

西秦王朝存在了三十七年，興盛時所轄面積從甘肅武威到天水、隴南及青海東部，共十一州、三十郡、四十八縣、二護軍。

姚萇建立後秦

前秦在淝水之戰中失敗後，各族首領紛紛起兵脫離前秦。

公元三八四年，前秦將領、羌族首領姚萇在渭北起兵，第二年擒殺苻堅，占領長安，稱帝，國號大秦，史稱後秦。

姚萇即位後整頓吏治，任用賢良，宣導儒學。他還釋放奴隸，

發展農業，並且調和胡漢關係，因此深得關隴士族支持，關中經濟出現了復蘇的景象。

公元三九三年，姚萇病死之後，太子姚興即位。之後後秦打敗了前秦的殘餘勢力苻登，前秦澈底滅亡。

同時，乘西燕敗亡之際，占據河東，隨後又相繼攻占東晉的洛陽，臣服西秦，攻滅後涼。

但是後秦的強大並沒有持續多長時間，公元四一七年，東晉劉裕攻破了長安，姚泓投降，後秦滅亡。

呂光建立後涼

呂光，字世明，略陽（今甘肅天水）氐族人，是前秦太尉呂婆樓之子，相傳其祖先為漢高祖皇后呂雉的族人。本為前秦將領，於公元三八二年淝水之戰前夕率兵征討西域，取得勝利，威震西域。

淝水之戰失敗後，各族紛紛背叛前秦，建立割據政權，中原大亂，呂光被阻於西域不能返回。公元三八六年苻堅死後，呂光占據涼州，稱酒泉公，國號涼，建都姑臧，史稱後涼。其統治範圍包括今甘肅西部和寧夏、青海、新疆的一部分。

公元三九九年，呂光死後，其子呂紹繼位，不久呂光庶長子呂纂殺死呂紹自立，後涼自此陷入了爭奪王位的鬥爭，加上後涼軍事力量薄弱，刑法嚴峻，導致內亂頻繁，危機重重，終於在公元四〇三年被後秦所滅。

沮渠蒙遜建立北涼

公元三九七年，後涼進攻西秦失敗，呂光殺死了從征的部下沮渠羅仇兄弟，於是，沮渠羅仇的侄子沮渠蒙遜與諸侯結盟，起

兵反抗呂光，並和族兄沮渠男成擁立後涼的建康太守段業為涼州牧、建康公。公元三九九年，段業進駐張掖，自稱涼王。

公元四〇一年，沮渠蒙遜用計攻滅了段業，自稱涼州牧，改元永安，史稱北涼。公元四一二年，沮渠蒙遜占領姑臧（今甘肅武威），稱河西王。公元四二〇年，滅掉西涼，成為河西一帶最強大的勢力，控制著今甘肅西部以及寧夏、新疆、青海的一部分。

公元四三九年北魏大軍圍攻姑臧，沮渠牧犍投降，北涼滅亡。

李暠建立西涼

李暠，漢族，隴西狄道（今甘肅臨洮）人。

公元三九七年，段業自稱涼州牧，任命李暠為效谷縣令，後又升為敦煌太守。公元四〇〇年，李暠自稱大將軍、涼公，並以敦煌為都城，其疆域為今甘肅西部及新疆的一部分，地方狹小，是河西地區最小的政權。

公元四〇五年，李暠遷都酒泉，逼近北涼，與北涼陷入長期爭戰。公元四二一年，西涼為北涼所滅。

西涼太祖李暠被唐朝皇室李氏和詩人李白尊為先祖。

禿髮烏孤建立南涼

「禿髮」即「拓跋」的異譯，河西鮮卑禿髮氏是塞北拓跋氏鮮卑的一支。在漢魏時期遷徙到河西居住，曾依附於後涼。

十六國時，禿髮烏孤繼位首領，務農桑，修鄰好，境內安定，實力不斷強大。公元三九七年，禿髮烏孤脫離後涼的控制，稱西平王，後改稱武威王，遷都樂都（今屬青海），建立了南涼政權。

後期因連年用兵打仗，使政局不穩，先後敗於北涼沮渠蒙遜和

夏國赫連勃勃，兵力大減。最終於公元四一四年被西秦所滅，共存在了十八年，經歷了三代君王。

慕容泓建立西燕

西燕是十六國時期慕容氏建立的諸燕之一。

公元三七〇年，苻堅派王猛率領大軍攻打前燕，攻破鄴城，俘虜皇帝慕容暐，前燕滅亡。

苻堅將大批鮮卑人遷徙到關中。公元三八三年，苻堅在淝水之戰中大敗，前秦政權陷於瓦解，原來被前秦兼併的各個國家紛紛叛亂。第二年，前燕皇帝慕容暐之弟慕容泓起兵反秦，自稱濟北王，史稱西燕。

後來其弟慕容沖也起兵反秦，兵敗後歸於慕容泓，慕容泓兵勢大振，擁兵十萬。之後謀臣高蓋等因慕容泓執法苛暴，殺慕容泓，擁立慕容沖為皇太弟。公元三八五年，慕容沖稱帝，率軍攻陷長安，縱兵暴掠，後來被鮮卑貴族殺死。此後有數位前燕貴族和將領被擁立為西燕君王，最後慕容暐族孫慕容永被立為河東王，率眾東歸，擊敗了前秦苻丕，占據長子（今山西長子縣西），即位為皇帝。

公元三九五年後燕攻陷長子，殺死慕容永等人，西燕滅亡。

西燕雖然只存在了短短的十年，但其強盛時，曾經南抵軹關，北至新興，東依太行，西臨黃河，是當時北方大國之一。

北燕和南燕的建立

公元三九五年和公元三九六年，後燕慕容垂曾兩次興兵討伐鮮卑拓跋部建立的北魏，反而被北魏消滅。

公元三九七年，後燕殘餘勢力中的一支，往北逃至龍城，統治

遼西地區。因慕容垂之子慕容熙只知吃喝玩樂，貽害百姓，公元四〇七年，後燕禁衛軍將領馮跋廢掉慕容熙，擁護慕容雲即位，建都龍城。

公元四〇九年慕容雲被部下所殺。馮跋平定政變後自立為帝，史稱北燕，後燕滅亡。

後燕另一支殘餘勢力往南逃到滑台（今河南滑縣東），公元四〇〇年，其首領慕容德稱帝，是為南燕。

赫連勃勃建立夏

公元四〇七年，後秦將軍、匈奴人赫連勃勃脫離後秦，自稱大夏天王。

公元四一七年，他乘劉裕滅後秦後還軍東返時，南下關中，占領長安。公元四一八年，在灞上即位，改元昌武，定都統萬城（今內蒙古烏審旗南），以長安為南都。

公元四二七年，北魏攻取統萬城，次年，赫連勃勃之子赫連昌被擒。夏國殘餘人員北逃，最終於公元四三一年為吐谷渾所滅。

南北朝（公元四二〇年～公元五八九年）

北魏建立

北魏是中國南北朝時期，北朝的第一個國家，又稱後魏、拓跋魏、元魏，由鮮卑拓跋氏建立。

鮮卑族拓跋部，原來居住於今黑龍江、嫩江流域的大興安嶺附近，過著遊牧生活。東漢以前，北匈奴被打敗西遷後，拓跋部在酋長拓跋詰汾的率領下，也逐步向西遷移，進入原來北匈奴駐地，即漠北地區。

到酋長拓跋力微時期，拓跋部又南下遊牧於雲中（今內蒙古托克托）一帶，後又遷居到盛樂（今內蒙古和林格爾），與曹魏、西晉發生往來，但這時，拓跋部仍處於氏族部落聯盟階段。

公元三三八年，首領拓跋什翼犍建立代政權，拓跋部逐漸發展和強大起來。公元三七六年，前秦王苻堅攻代，什翼犍戰死，代滅亡。淝水之戰後，前秦的統治瓦解。公元三八六年，什翼犍之孫拓跋珪趁機恢復代政權，後來改國號為魏。公元三九八年，拓跋珪遷都平城稱帝——即北魏道武帝，國號為魏，史稱「北魏」。

公元四三九年，拓跋珪之孫拓跋燾統一了北方，與當時南方的劉宋政權形成南北對峙局面。北魏自三八六年拓跋珪稱王建國，至

公元五三四年分裂為東魏與西魏，共歷經十四帝、一百四十九年。

劉裕建立南朝宋

劉裕，字德輿，小名寄奴，出身於破落士族，後加入東晉北府兵。

自公元三九九年起，隨北府兵將軍劉牢之鎮壓浙東孫恩之亂，升任建武將軍、下邳太守。公元四〇三年，荊州刺史桓玄廢晉安帝自立。次年，劉裕被推為盟主，從京口、廣陵（今揚州）等地起兵擊敗桓玄，擁戴晉安帝復位。

公元四〇八年，劉裕任侍中、車騎將軍、揚州刺史、錄尚書事，控制了朝政大權。為了提高威望，擴大勢力，並最終取代晉室，劉裕在此後的十年間率軍南征北伐，相繼滅掉北方的南燕、後秦，翦除了在益州（今成都）稱王的割據者譙縱和劉毅、諸葛長民等異己。

此後，劉裕的勢力不斷穩固和壯大，在朝廷的地位顯赫無比，先後受封相國、宋公，加九錫，位在諸侯王之上。公元四一八年，劉裕令心腹殺了晉安帝，立司馬德文為傀儡皇帝。公元四二〇年，劉裕逼迫司馬德文禪讓皇位，取代東晉政權而自立為帝，國號宋，定都建康（今南京），改元永初，是為宋武帝。

元嘉之治

宋武帝去世後，由宋少帝劉義符即位。之後因為嬉戲失德，荒廢朝政，被輔政大臣徐羨之、傅亮及謝晦等人矯太后詔所殺，改立劉裕三子宜都王劉義隆，是為宋文帝，改元元嘉。

宋文帝後來與北府名將檀道濟剷除了把持國政的徐羨之等人，

至此宋朝政局穩定。宋文帝提倡節儉，澄清吏治，繼續實行劉裕的治國方略，在東晉「義熙土斷」（因為從晉安帝義熙年間開始實施，所以叫義熙土斷）的基礎上，清理戶籍，下令免除百姓欠政府的「通租宿債」，又實行勸學、興農、招賢等一系列措施，使百姓得以休養生息，社會民生有所發展，經濟文化日趨繁榮，形成了「元嘉之治」的繁榮局面。

元嘉之治是劉裕自東晉末年以來的改革和宋文帝元嘉年間的改革共同作用的結果。

劉義慶編《世說新語》

劉義慶是宋武帝劉裕之侄，是劉裕大弟弟長沙王劉道憐的第二個兒子，因叔父臨川王劉道規沒有兒子，劉義慶便被朝廷過繼給劉道規為後，因此襲封為南郡公、臨川王。

劉義慶年輕時曾跟從劉裕攻打長安，回來後被任命為東晉輔國將軍、北青州刺史。劉宋建立後，他以臨川王身分歷任侍中、中書令、荊州刺史等顯要職務，後又改授散騎常侍、衛將軍、江州刺史、南兗州刺史、開府儀同三司等一系列重要職務。

劉義慶生性愛好文藝，喜歡與文學之士交遊。在他的周圍，聚集著一大批名儒碩學。他自己也創作了大量豐富的作品，著有《徐州先賢傳》十卷；又曾仿班固《典引》作《典敘》，記述皇代之美；此外還有《集林》二百卷，《世說新語》十卷。其中，最著名的就是《世說新語》。

《世說新語》是一部主要記載漢末、三國至兩晉時期士族階層的言行風貌和軼事瑣語的筆記小說。劉義慶於公元四四一年開始組織編撰，此書不僅保留了大量反映當時社會生活的珍貴史料，而且

語言簡煉，文字生動鮮活，也是一部文學價值極高的古典名著。自問世以來，便得到歷代文士階層的喜愛和重視，至今仍在海內外廣為流傳。

范曄撰《後漢書》

范曄，字蔚宗，南朝宋順陽（今河南淅川）人。官至左衛將軍，太子詹事。

公元四三二年，范曄在為彭城太妃治喪期間，行為失檢得罪了司徒劉義康，被貶為宣城太守，范曄鬱鬱不得志，就借助修史來寄託他的志向，開始寫作《後漢書》。

公元四四五年，當他完成了本紀、列傳的寫作，同時又和謝儼共同完成《禮樂志》、《輿服志》、《五行志》、《天文志》、《州郡志》等五志的時候，有人告發他參與了劉義康的篡位陰謀，因此下獄而死。謝儼怕受牽連，毀掉了手中的志稿，使《後漢書》只有紀、傳部分流傳了下來。

在《後漢書》中，范曄以《東觀漢記》為基本史料依據，以華嶠書為主要藍本，吸取其他各家書的長處，井井有條地敘述了東漢一代的歷史興亡大勢，錯落有致地描繪出東漢一代的社會、民情與人物百態。范曄《後漢書》的記述，起於劉秀起兵推翻王莽，終於漢獻帝禪位於曹丕，詳載了東漢一百九十五年的歷史。

到了唐代，范曄《後漢書》取代《東觀漢記》，與《史記》、《漢書》並稱「三史」，盛行於世。《後漢書》有十紀、八十列傳和八志，其中的八志三十卷是南朝梁劉昭從司馬彪的《續漢書》中抽出來補進去的。

蓋吳起義

蓋吳起義是北魏前期盧水胡人蓋吳領導的西北各族人民的聯合大起義。

公元四三九年，北魏太武帝拓跋燾滅掉北涼，統一北方後，對諸少數民族實行軍事統治。在關中地區各個民族聚居的地方設立鎮，各鎮鎮將皆由鮮卑貴族擔任，對各族人民實行剝削壓迫的政策，導致民族矛盾尖銳化。

公元四四五年，蓋吳在陝西杏城（陝西黃陵）天台起義，漢、氐、羌、屠各、蜀（即叟）等各族人民紛紛響應，有十餘萬群眾參加起義，波及了西起隴東，東至今山西西南部的廣大地區。蓋吳義軍殺死了前來鎮壓的魏軍，相繼攻克了汧城、李潤堡、金城（今甘肅蘭州西北）、天水、略陽（今甘肅莊浪西南）等地，並自號天台王，署置百官。

此前已在河東起兵反魏的蜀人薛永宗，也與蓋吳取得聯繫，並接受其領導。蓋吳還遣使臣到江南，呼籲劉宋王朝出兵。

北魏太武帝拓跋燾親臨指揮，率領八萬騎兵前來鎮壓，打敗薛永宗的叛軍，然後又西進攻打蓋吳領導的義軍，起義陷入困境，蓋吳最終被叛徒殺害。起義雖然失敗了，卻使北魏的統治者受到了極大的震動。

北魏太武帝滅佛

公元四三九年，鮮卑拓拔人拓拔燾統帥的北魏大軍，結束了北方自西晉末年開始的十六國亂世，統一了黃河流域，完成了霸業。

太武帝為了實現統一北方大業的目標，在中原地區大力推廣當

時已經開始流傳的佛教，並且將佛教定為國教加以推崇，並以此作為取得中原民心的一個重要舉措。

佛教信徒對太武帝的這一舉措極為推崇，但由於佛教的急速興起，對本土的道教帶來了嚴重的衝擊。北魏太武帝登基之後不久，在崔浩的引見之下，當時中國北方天師道的創始人太平真人寇謙之向皇帝獻上一部道經，以表示歸順。

崔浩反覆對太武帝進言，說本土的皇帝不應接受外來宗教的約束，並稱當時的國教為「胡教」。於是，太武帝接受了太平真人寇謙之的贈書之後，在平城東南建立天師道場，自稱太平真君，並親受符籙，興建靜輪天宮，奉祀太平真君，改年號為太平真君，成了十足的道教徒。

公元四四五年，盧水胡人蓋吳在杏城領導十餘萬人起義，長安城裡出現了嚴重的叛亂。在崔浩的建議下，太武帝出兵長安，討伐蓋吳叛軍。雖然叛亂很快就被平息了，但是平叛的將士在長安的寺廟中發現了大量藏匿的武器弓箭和刀槍。太武帝懷疑佛教教徒與蓋吳同謀，大為震怒，下令誅殺所有的僧侶。崔浩趁機勸帝滅佛，於是太武帝進一步推行苛虐的廢佛政策，一時之間，舉國上下，風聲鶴唳。魏國境內的寺院塔廟幾乎無一倖免，史稱「太武法難」。

馮太后臨朝稱制

馮太后，北魏文成帝拓跋濬的皇后，即文明皇后，長樂信都人。公元四六五年，文成帝病逝，當時只有十一歲的獻文帝拓跋弘即位，尊其為皇太后。馮太后設計誅殺了當時專權跋扈、禍亂朝政的丞相乙渾，親自執掌政權，臨朝稱制。

獻文帝即位後致力於整頓內政，增強國力，崇文重教，興學輕

賦，頗有一番作為。但他並非馮太后所生，因此執政後開始誅除馮太后的內寵，與太后之間產生了權力鬥爭。公元四七一年，獻文帝禪位於當時僅有五歲的太子拓跋宏，即孝文帝；他自立為太上皇，專心信佛，但因殺了馮太后的寵臣，最終於公元四七六年被馮太后毒死。

此後馮太后開始專心輔佐年幼的孝文帝，並推行了一系列的改革，主持制定三長制、均田制、班祿制和新租調制，並整頓吏治，興辦鄉學，推行漢化教育，為孝文帝以後的改革和繁榮奠定了基礎。從公元四七一年開始，直到四九○年去世，馮太后臨朝稱制長達二十年之久。

蕭道成建立南齊

蕭道成，字紹伯，漢相國蕭何的二十四世孫。早年從儒生雷次宗學習，博學能文，工於書法，精通棋藝。十四歲棄學從戎，成為雍州刺史蕭思話部下，屢立戰功。後來，宋明帝劉彧命他都督北討前鋒諸軍事，鎮守淮陰。隨後，遷任南兗州刺史，加督五州，繼續防禦北境。自此，蕭道成廣收豪傑，勢力日漸大增。

公元四七○年，宋明帝劉彧因蕭道成在軍中太久，對他產生了疑忌。第二年，將蕭道成徵召回朝，任散騎常侍、太子左衛率。

宋明帝死後，蕭道成與尚書令袁粲、護軍將軍褚淵、中領軍劉面共同輔佐後廢帝劉昱，進入到南宋政權的中樞集團。劉昱即位後，江州刺史、桂陽王劉休範舉兵攻入建康。接著，南徐州刺史、建平王劉景素在京城造反，都是由蕭道成帶兵平定。因而蕭道成晉升為中領軍，加尚書左僕射。

由於威名日重，引起劉昱的猜忌，屢次想要加害於他。公元四

七七年八月，蕭道成與王敬則密謀，殺死劉昱，立驃騎大將軍劉準為帝，即宋順帝。加蕭道成為司空，錄尚書事，坐鎮東府。此時，荊州刺史沈攸之、司徒袁粲等見蕭道成權勢日大，有取代劉宋之意，遂起兵反對，都兵敗而死。

蕭道成先後進位為齊公、齊王。公元四七九年四月，宋順帝劉準被迫禪位，蕭道成受禪稱帝，建立齊朝。史稱「南齊」。

南齊的衰落

公元四七九年，蕭道成代宋自立，改國號為「齊」，南齊政權建立，蕭道成為齊高帝，改年號建元。

齊高帝即位後，任用漢人掌權要，推行檢籍法，嚴令整頓戶籍，提倡節儉，反對奢靡，並以身作則，減輕人民負擔，與北方交好，維護邊境安定。齊高帝之子齊武帝蕭賾在位期間仍與北魏保持良好關係，邊境比較安定。

因此，蕭齊時代的前十幾年，政治清明，社會安定，人民得以休息，南方經濟有了一定的發展。公元四九三年，齊武帝蕭賾病死，因太子早亡，由皇孫鬱林王即位，此後朝廷內部爭奪皇位的鬥爭異常激烈。公元四九四年，齊明帝蕭鸞即位後，壓制宗室力量，屠殺宗室人員，蕭道成與蕭賾的子孫都被蕭鸞誅滅。

公元四九九年，蕭鸞之子東昏侯蕭寶卷即位後，奢侈腐靡，被認為是中國歷史上最為昏庸荒淫的皇帝之一。蕭寶卷竟派人毒殺平定叛亂有功的豫州刺史蕭懿，結果導致蕭懿之弟蕭衍發兵攻打建康，於公元五○一年擁立南康王蕭寶融為帝，在江陵即位，是為齊和帝。

公元五○二年，蕭衍又迫齊和帝退位，在建康自立為皇帝，即

梁武帝，改國號「梁」，即後樑，南齊滅亡。

南齊僅存在了二十三年的時間，是南北朝中存在時間最短的朝代。

祖沖之精確推算圓周率

祖沖之，字文遠，南北朝時期人，是歷史上傑出的數學家，科學家。

祖沖之原籍范陽郡遒縣（今河北淶水縣），在西晉末年，由於故鄉遭到戰爭的破壞，舉家遷到江南居住。祖家歷代對於天文曆法都很有研究，因此祖沖之從小就有接觸科學技術的機會。祖沖之對於自然科學和文學、哲學都有廣泛的興趣，特別是對天文、數學和機械製造，更有強烈的愛好和深入的鑽研。

早在青年時期，他就因博學多才而聞名，被政府派到當時的一個學術研究機關——華林學省去做研究工作。從出生到在華林學省任職，祖沖之一直居住在建康。至公元四六一年，祖沖之被調至南徐州（今江蘇鎮江）刺史府，先後從事史、公府參軍。

在數學方面，他寫了《綴術》一書，被收入著名的《算經十書》中，曾被作為唐代國子監的算學課本，但是後來卻失傳了。祖沖之最早推算出 π 的真值在 3.1415926 和 3.1415927 之間，精確到了小數點後第七位，簡化成 3.1415926，成為當時世界上最先進的成就，比歐洲要早一千多年。

范縝著《神滅論》

范縝，字子真，南鄉舞陰（今河南省泌陽西北）人，是南朝齊梁時期傑出的唯物主義者和無神論者，也是中國哲學史上最有力的

反對佛教的哲學家。

范縝出身寒微，早年學習儒學，中年步入仕途，歷任湖北宜都太守、福建晉安太守、尚書殿中郎等職。

范縝所處的時代，是佛教信仰鼎盛的時期。封建統治者和門閥士族為了從精神上控制人民，鞏固自己的統治，大興佛教，使生產遭到破壞，造成了社會經濟危機；在思想領域，宣揚傳統的因果報應觀念，佛教又極力證明人死神不滅，把所謂善惡之報推到無法驗證的遙遠的將來。要駁倒佛教的因果報應思想，就必須闡明人的形體死亡後精神也會滅亡的道理，因此，關於神滅和神不滅的鬥爭，是當時社會普遍關注的問題，推動著思想家們對此進行探討、研究。

公元五○七年，范縝任中書郎時正式發表《神滅論》，系統地闡述了無神論的思想，指出人的神和形是互相結合的統一體。他斷言死後精神消滅，不可能成佛，人的富貴貧賤並非天生註定，因果報應純屬無稽之談。

《神滅論》是中國古代唯物思想的代表著作，雖然有一定的時代侷限性，但仍然是一部思想深刻、邏輯嚴謹的作品，具有劃時代的意義。

魏孝文帝改革

北魏統治者在民族征服的過程中，對其他各族人民實行了民族歧視和殘酷的民族壓迫政策，民族衝突不斷加深。到了北魏中期，鮮卑貴族兼併土地、官員貪汙受賄日益嚴重，統治階級過度的剝削和壓迫，又使階級矛盾日益尖銳，農民起義連年爆發。

公元四七一年，拓跋宏即位，是為孝文帝。當時拓跋宏只有五歲，為防止外戚專權，根據「立其子殺其母」的辦法，拓跋宏的母

親被殺死,其祖母馮氏以太皇太后的身分臨朝稱制。

為了緩和社會矛盾和民族矛盾,馮太后和孝文帝先後進行了一系列的改革,統稱「魏孝文帝改革」。孝文帝改革涉及政治、經濟、文化等各個領域,範圍極其廣泛,內容也極為豐富。此次改革最重要的措施有:推行均田制,農民按人口授給一定的土地;實行三長制,加強對基層地方的管理;整頓吏治,根據政績決定官員的任免和連任;把都城從平城遷到洛陽,以便於對中原地區的管理;改革鮮卑舊俗,包括改革官制、禁胡語、禁胡服、改姓氏、確立門第等級等,孝文帝拓跋宏改名為元宏。

孝文帝改革有利於北方經濟的恢復和發展,加快了北方各民族的大融合和封建制度的完善,為以後統一多民族國家的形成奠定了基礎。

實行均田制

西晉末年以來,中國北方處在長期戰亂之中,戶口遷徙,土地荒蕪。而北魏建立以來,鮮卑貴族兼併土地,廣占奴婢,使國家賦稅收入受到嚴重影響。

為保證國家賦稅來源,北魏孝文帝於公元四八五年頒布均田制並開始執行。其主要內容是:一、男子十五歲以上,授種粟穀的露田四十畝,婦人二十畝。奴婢同樣授田。耕牛一頭授田三十畝,限四頭牛。授田不准買賣,年老或身死還給國家,奴婢和牛的授田隨奴婢和牛的有無而還授;二、男子另授桑田二十畝。桑田不必還給國家,可傳給子孫,二十畝以上的可以賣,不足二十畝的可以買。產麻地男子授麻田十畝,婦人減半,年老及身死後還田;三、地方官吏按官職高低授給數額不等的公田,刺史十五頃,太守十頃,治

中、別駕各八頃，縣令、郡丞各六頃，不准買賣，離職時交於繼任者。此外，地廣民稀之處，可任力耕墾，而地少人多的可以遷往地廣民稀之處。受田以後，百姓不得隨意遷徙。貴族和官僚可以通過奴婢和耕牛另外獲得土地。

均田制提高了人們耕墾的意願，增加了國家稅收。北齊、北周、隋、唐都沿用均田制，具體辦法有所變更，直到唐朝中葉時，隨著兩稅法的出現而被廢止。

🐉 魏孝文帝遷都洛陽

北魏自從太武帝死去後，政治腐敗，鮮卑貴族和地主階級壓迫人民，北方接連爆發了各族人民的反魏事件。

公元四九○年，臨朝稱制達二十年之久的馮太后去世，二十四歲的孝文帝拓跋宏開始親政，他開始大刀闊斧地進行漢化改革。

為了便於學習和接受漢族先進文化，同時進一步加強對黃河流域各族人民的統治，他決心把國都從平城（今山西大同市東北）遷到洛陽。他怕大臣們反對遷都的主張，於是提出要大規模進攻長江流域的南齊。魏太武帝曾以十萬大軍南征，結果，被宋軍打得大敗而逃，傷亡大半。因此，文武百官都不願南征。

公元四九三年，孝文帝親自率領步兵、騎兵三十萬渡過黃河，進駐洛陽。到了洛陽。正好碰到秋雨連綿，足足下了一個月，到處道路泥濘，行軍困難。但是孝文帝仍舊戴盔披甲騎馬出城，下令繼續進軍。

文武百官請求皇帝不要再南征。孝文帝乘機說如果不南征，就遷都，並且下令：願意遷都的站在左邊，不願遷都的站在右邊。文武百官聽了，權衡一下南征與遷都的利弊，覺得還是遷都

為好。於是，所有隨軍貴族和官吏都站到左邊去了。一時間，停止南征的消息傳遍了全軍，大家都高呼「萬歲！」遷都洛陽之事就這樣決定了。

遷都洛陽後，孝文帝繼續改革，並大力推行漢化政策。魏孝文帝遷都洛陽，促進了民族融合，方便了對中原地區的管理，也有利於鮮卑族的封建制度的完善。

興建少林寺

南北朝時期，人民飽受戰亂之苦，迫切要求改變現狀，乞求安寧與幸福，這一切為佛教的傳播提供了現實基礎。而各族的統治者們也希望用新的思想控制來鞏固自己的統治，因此中國佛教盛行一時。南亞地區的許多高僧紛紛來到中國翻譯佛經，講解佛法。

公元四九五年，孝文帝拓跋宏為印度僧人跋陀在河南少室山敕建少林寺，因建於少室山林中，故名少林。跋陀成為少林寺的第一位住持，他在少林寺傳授小乘佛教，主張自我解脫。當時四方慕名前來少林寺求法者達數百人，其中高足弟子有慧光、僧稠等人。

跋陀傳教慧光、僧稠等弟子，並在寺內翻經台翻譯了《華嚴》、《涅槃》、《維摩》等經以後，傳法中斷，燈序轉移，沒有在少林寺繼續發展。

南朝劉宋末年，南天竺香至國的第三王子、釋迦牟尼的大弟子摩訶迦葉的第二十八代佛徒菩提達摩從印度來到中國。他於公元五二七年到達少林寺，廣集僧徒，首傳禪宗，歷時九年，寺院逐漸擴大。公元五三六年，達摩傳法於慧可以後，離開少林寺。後死於禹門，葬於熊耳山，造塔於定林寺。

菩提達摩成為中國佛教禪宗的開山祖師。

劉勰著《文心雕龍》

魏晉南北朝時期既是一個社會大動盪的時期，也是思想文藝到處開花的時期。在思想文化領域，出現了許多開創性的成就。

其中，文學理論、文學選集獲得了空前的發展。曹丕的《典論・論文》首開文學批評之風，闡述了文學的社會功能；蕭統的《文選》是先秦以來文章的匯總；徐陵的《玉臺新詠》則是漢代以來的詩歌選集；而劉勰的《文心雕龍》則是中國最早的文學批評巨著。

劉勰，字彥和，祖籍山東莒縣（今山東省日照市莒縣）。早年家境貧寒，篤志好學，曾官至縣令、步兵校尉、宮中通事舍人，頗有清名。三十二歲開始寫《文心雕龍》，歷時五年而成。該書有三萬七千餘字，分十卷五十篇，包括總論、文體論、創作論、批評論四個主要部分。

書超前人，體大而慮周，風格迥異，獨樹一幟，對後世影響頗大。《文心雕龍》以孔子的美學思想為基礎，兼採道家，全面總結了齊梁以前的美學成果，系統地闡述了西周以來各類文章的體裁與創作方法，批評了重形式不重內容、過分雕琢的文風，主張文章的形式和內容都應隨時代的發展而發展。

蕭衍代齊建立梁

蕭衍，字叔達，南蘭陵中都里人（今江蘇常州）。父親蕭順之是齊高帝蕭道成的族弟。蕭衍少年時博學多才，尤其在文學方面很有天賦，曾受到衛將軍王儉的賞識，後來升任太子庶子和給事黃門侍郎。

齊武帝去世後，皇太孫蕭昭業即位為帝，只知享樂，不理政務，對大臣的勸諫也不接受。蕭道成之侄蕭鸞廢殺蕭昭業，擁立蕭昭文，自己掌握朝政大權。三個月之後，蕭鸞又廢掉蕭昭文，自己做了皇帝，是為齊明帝。

蕭鸞做皇帝之後，有感於蕭衍的謀劃之功，把他提拔為中書侍郎，後來又升為黃門侍郎。蕭衍的地位日益顯赫。蕭衍輔佐蕭鸞做皇帝的第二年，率兵擊退了北魏來侵犯的軍隊，因此而升任太子中庶子。公元四八七年秋，北魏軍再次南下，蕭衍戰敗，齊明帝沒有責怪他，而是讓他主持雍州的防務，任雍州刺史。

從此蕭衍就有了一塊固定的根據地，這為他勢力的發展奠定了基礎，成為他日後爭奪齊政權的資本。蕭鸞死後，東昏侯蕭寶卷即位，蕭寶卷昏庸無能，不辨賢愚，冤殺了蕭衍的兄長蕭懿。於是蕭衍聯合南康王蕭寶融一起舉兵，廢掉了東昏侯蕭寶卷，於公元五〇一年擁立南康王即位，即齊和帝。公元五〇二年，蕭衍又逼迫齊和帝禪位，自立為皇帝，建立了南梁政權。

🐉 酈道元著《水經注》

酈道元，字善長，出生范陽郡（今河北省高碑店市境內）一個官宦世家，北魏平東將軍、青州刺史、永寧侯酈範之子。酈道元為長子，世襲永寧侯。

他少年時喜愛遊覽，做官以後，到各地遊歷，每到一地除參觀名勝古蹟外，還用心勘察水流地勢，瞭解沿岸地理、地貌、土壤、氣候、人民的生活、地域的變遷等。

酈道元發現漢代人桑欽所寫的《水經》一書雖然對大小河流的來龍去脈有著準確的記載，但由於時代更替，城邑興衰，有些河流

改道，名稱也變了，但書上卻未加以補充和說明。於是他親自給《水經》作注，寫成了《水經注》一書。

《水經注》所記述的時間幅度上起先秦，下至南北朝當代，上下約兩千多年。全書三十多萬字，詳細介紹了中國境內一千多條河流以及這些河流附近的自然地理、人文地理、山川勝景、歷史沿革、風俗習慣、人物掌故、神話故事等。

《水經注》文筆優美，不僅是一本地理百科全書，也是一部關於山水文學的優秀散文作品。

賈思勰編《齊民要術》

賈思勰，益都（今山東省壽光市西南）人，生活於中國北魏末期和東魏，是中國古代傑出的農學家。

賈思勰出生在一個世代務農的書香門第，其祖上就很喜歡讀書學習，尤其重視農業生產技術知識的學習和研究。他的家境雖然不算很富裕，但卻擁有大量藏書，使他從小就有機會博覽群書，從中汲取各方面的知識。

成年以後，賈思勰開始走上仕途，曾經做過高陽郡（今山東臨淄）太守等官職，並到過山東、河北、河南等許多地方。每到一地，他都非常重視農業生產，認真考察和研究當地的農業生產技術，向一些經驗豐富的老農請教，獲得了不少農業方面的生產知識。

中年以後，他又回到自己的故鄉，開始經營農牧業，親自參加農業生產和放牧，對農牧有了親身體驗，掌握了多種農產技術。大約在公元五三三年到公元五三四年間，他將所學的古書上的農業技術資料、詢問老農獲得的豐富經驗，結合自己的親身實踐，加以分

析、整理、總結，寫成了《齊民要術》一書。

《齊民要術》是一本農業科學技術巨著，書中內容非常豐富，涉及了各種農作物、經濟作物的栽培，各種野生植物的利用，各種家禽、家畜、魚、蠶等的飼養和疾病防治，農副產品的加工等形形色色的內容。

🐉 佛教的興盛

魏晉南北朝時期，各種勢力割據混戰，社會動亂不安，政治秩序崩潰，無論是士族名流還是普通的老百姓，在無法改變現狀的情況下，都需要尋找精神寄託。於是，兩漢之際傳入中國的佛教，到了南北朝時，盛極一時，一躍而成為當時的主要信仰。上至君王將相，下至黎民百姓，無不崇信佛法，希企得到解釋與慰籍。

梁武帝蕭衍於即位後的第二年即宣布放棄道教信仰，改信佛教，並以佛教為國教。

於是，在統治者的大力提倡下，佛教迅速傳播開來。印度僧人絡繹不絕地來到中國傳授佛法、翻譯佛經，而中國的許多高僧也不辭辛苦地西行求法，探尋佛學真諦。南亞地區的文學藝術、哲學思想、科學技術也隨之傳入中國，豐富了中國的思想文化。

而和佛教相關的音樂、繪畫、雕塑等也相繼發展開來，南北各地均出現大量修建佛寺、石窟以及繪製佛窟壁畫的熱潮。著名的雲岡、龍門、敦煌三大石窟就是從此時開始建造的。

🐉 梁武帝出家

梁武帝蕭衍在位四十八年，是南朝在位時間最長的皇帝。

他早年曾信奉道教，即帝位後改奉佛教，成為一個虔誠的佛教

徒，對佛教在中國的普及有很大的貢獻。他在建康造了一座規模宏大的同泰寺，每天早晚兩次，都要到寺院去燒香拜佛，聲稱這樣做是為了積功德，替老百姓消災。

南朝佛教正是在這時進入全盛期。公元五一九年，梁武帝到寺院受菩薩戒。由於他的提倡，王侯子弟都以受戒為榮。在他的影響下，長子蕭統（昭明太子）、三子蕭綱（簡文帝）、七子蕭繹（元帝）以及許多官員都信奉佛教。

梁武帝分別於公元五二七年、公元五二九年、公元五四六年、公元五四七年，前後四次出家當和尚，每次都是大臣們花費巨資將他「贖」回來，把國庫都給折騰光了。

梁武帝晚年一心只想當和尚，不管國家大事，朝政混亂，因此大將侯景看準時機，於公元五四八年舉兵反叛。侯景攻入建康後，將梁武帝居住的台城包圍起來。而那些平日受盡梁武帝驕縱的王公貴族們，儘管手下有幾十萬兵馬，卻都袖手旁觀。直到這時，梁武帝才如夢方醒，大罵那些不忠不孝的子孫，可惜悔之已晚。

侯景攻陷台城後，梁武帝被軟禁，最後竟被活活餓死，享年八十六歲，諡號武帝，廟號高祖。

六鎮起義

北魏在遷都洛陽之前，首都位於平城，為防止邊外的柔然進攻，北魏政府曾在北部邊塞修築長城，並先後設置懷荒（今河北張北）、柔玄（今內蒙古興和西北）、撫冥（今內蒙古四子王旗東南）、武川（今內蒙古武川西）、懷朔（今內蒙古固陽南）、沃野（今內蒙古五原東北）等軍鎮，史稱六鎮或北鎮。六鎮不設州郡，以鎮、戍領民，號為鎮民，多由拓跋部貴族領導。

孝文帝遷都洛陽後，六鎮失去了軍事上的重要地位，經濟也得不到發展，而且其民不得遷徙。孝明帝末年，政治日益腐化，橫徵暴斂，民不聊生。公元五二三年，由於不堪忍受北魏鎮將的殘酷奴役和歧視，沃野鎮人破六韓拔陵聚眾起義，占沃野鎮。隨即北方六鎮的各族軍民紛紛響應，起義軍迅速發展到數十萬人。北魏派兵鎮壓，均遭失敗，後勾結柔然聯合絞殺起義軍。

公元五二五年，破六韓拔陵被殺，六鎮起義失敗。北魏統治瀕臨崩潰，邊鎮軍事豪強乘機擴充實力，其中爾朱榮實力最盛。公元五二六年，懷朔鎮鎮將葛榮再次率領河北起義，建國號齊，接連攻克數個州縣，向洛陽進軍，但終被爾朱榮打敗並收降了六鎮義軍。公元五三〇年，爾朱榮因功高震主，被魏孝莊帝所殺，高歡乘機接收了歸順爾朱榮的二十餘萬六鎮義軍帶往河北，形成日後的政治資本。

六鎮起義後，北魏政府動盪不安，不久分裂為東魏和西魏。

北魏分裂

北魏末年，統治階級內部矛盾重重，朝政日益混亂。孝明帝元詡被立為太子時，沒有遵從「母死子貴」的舊制處死其母親胡貴嬪，公元五一五年，七歲的元詡即位後，胡太后專權。

公元五二八年，胡太后毒死元詡，並立三歲的元釗為帝。在六鎮之亂中強大起來的契胡族首領爾朱榮攻入洛陽，擁立元子攸為孝莊帝，並控制了朝政。爾朱榮殺死胡太后及元釗，於河陰圍殺了文武大臣兩千多人，史稱「河陰之變」。

公元五三〇年，孝莊帝不甘受制於爾朱榮，遂將其誅殺。爾朱榮之侄爾朱兆率兵攻入洛陽，殺死孝莊帝，另立元恭。而高歡趁機

掌握了朝政，先殺死元恭，擁立元朗，後又殺元朗，於公元五三二年立元修為孝武帝。

此時，鮮卑貴族宇文泰趁亂控制了關中地區。孝武帝元修不能容忍高歡獨掌大權，於公元五三四年投奔宇文泰，不久被宇文泰毒死，又立孝文帝的孫子南陽王元寶炬為帝，建都長安，改元大統，由宇文泰操控朝政，即「西魏」。

至於高歡則立元善見為孝靜帝，建都鄴城（今河北臨漳），史稱「東魏」。

北魏自此分裂為東魏和西魏。

侯景之亂

侯景，原在北魏懷朔鎮當兵，後來漸升為鎮功曹史。北魏末年六鎮起義時，侯景率部隊投靠契胡族酋長爾朱榮，參加鎮壓起義，因大破義軍、活捉葛榮，被擢升為定州刺史。爾朱榮死後，侯景又投奔高歡，歷任東魏尚書左僕射、吏部尚書、司空、司徒、河南道大行台（即河南道最高軍政長官），專門治理河南。侯景多次攻打西魏、南梁，戰功卓著，很受高歡重用。

公元五四七年，高歡死後，其子高澄執政。侯景平時輕視高澄，高澄則害怕侯景叛亂，刻意剝奪他的兵權。侯景害怕自己被殺，於是就投降到了西魏，到西魏以後也得不到宇文泰的信任，於是侯景又投靠到蕭梁。

梁武帝為了借助侯景攻打東魏，接受了侯景的歸降，並封他為河南王、大將軍、大行台。在一次和東魏的戰爭中，南梁貞陽侯蕭淵明兵敗被俘，後來梁武帝答應東魏以侯景交換蕭淵明。侯景大怒，遂決定發動叛亂，他暗中勾結野心篡位的梁武帝之侄蕭正德做

內應，將蕭正德立為南梁帝，改元正平，於公元五四八年率軍攻入京城建康，將皇宮圍住，第二年，攻破皇城。當時一心向佛的梁武帝蕭衍被侯景軟禁，最後活活餓死。

侯景自任為丞相，執掌朝政。後於五五一年登基為帝，國號漢，改元太始。

陳霸先建立後陳

陳霸先，字興國，漢族人，南朝陳吳興郡長城縣（今浙江長興）人。出身貧寒，但好讀兵，後屢建戰功升任為振遠將軍、西江督護、高要太守，深得梁武帝的器重，於公元五四二年授予直閣將軍一職，封號新安子。

公元五五〇年，侯景叛亂後，陳霸先在始興（今廣東韶關）起兵討伐侯景，第二年與征東將軍王僧辯會合，共同攻向建康。公元五五二年，陳霸先領軍圍困石頭城，大敗侯景。因功授征虜將軍、開府儀同三司，封司空，領揚州刺史，鎮京口。

公元五五四年，西魏宇文泰派於謹、宇文護率軍五萬攻破江陵，梁元帝被殺。陳霸先遂與王僧辯請晉安王蕭方智以太宰承制，晉安王入居朝堂。公元五五五年，王僧辯在北齊的威逼利誘下，迎立北齊扶植的蕭淵明為梁帝，陳霸先苦勸無效，遂誅殺王僧辯，立蕭方智為梁敬帝。之後陳霸先又擊退了北齊的南下侵略，鏟平了王僧辯餘黨，晉封陳公，再封陳王，受九錫。

公元五五七年，梁敬帝蕭方智禪位，陳霸先代梁稱帝，建立陳朝，是為陳武帝。

陳霸先即位後，懷柔攻心，誠貫天下，勵精圖治，發展經濟，抵禦外族入侵，使長江流域的經濟快速發展，成為新的經濟中心。

陳霸先因此而成為一代明君，成為後世帝王學習的表率。

突厥的崛起

　　匈奴汗國於二世紀破滅後，塞北瀚海沙漠地帶成為真空。發源於東北地區的烏桓部落和鮮卑民族諸部落紛紛南下。等到這些部落或被併吞，或南下進入中原本土建立王朝帝國後，拓拔部落所屬的柔然部落乘虛興起。

　　柔然部落於四〇二年建立柔然汗國，跟北魏帝國不斷發生戰爭。柔然汗國所屬、居於金山（今新疆阿爾泰山）的一個匈奴血統的突厥部落日漸強大起來。柔然汗國最初不在意這個叛亂集團，但不久就被它連連擊敗。

　　突厥部落酋長阿史那土門，於公元五五二年，稱伊利可汗，建突厥汗國。三年後（公元五五五年），伊利可汗的兒子木杆可汗大舉進攻柔然汗國，柔然兵團潰散，第十八任可汗郁久閭鄧叔子，投奔西魏。突厥木杆可汗向西魏施加壓力，堅持索取郁久閭鄧叔子的人頭。西魏宰相宇文泰不得已，把郁久閭鄧叔子以及隨他一起投降的部屬，共三千餘人，交給突厥使節，就在長安城外，被突厥使節全部屠殺。

　　第十九任柔然可汗郁久閭庵羅辰向西逃亡，柔然汗國最終滅亡。突厥政權繼柔然政權之後開始崛起於邊塞，成為漠北的霸主。

北齊代東魏

　　公元五四七年，高歡逝世後，其長子高澄被孝靜帝元善見任命為使持節、大丞相、都督中外諸軍事、錄尚書事、大行台、承襲其父渤海王位。公元五四九年四月，孝靜帝又加封高澄為相國、齊

王，權勢至高無上。

然而高澄並不滿足，他派人監視孝靜帝的一舉一動，並於公元五四九年來到鄴城，邀請死黨崔季舒、陳元康等人在北城東柏堂住所密謀篡奪皇位的勾當。後來高澄被奴隸刺殺，高歡的次子，當時年僅十八歲的高洋便牢牢地掌握了大權，進封齊王，邑十萬戶。後來孝靜帝又被迫封他為相國，食邑二十萬戶，加九錫。

公元五五〇年，高洋不甘再當傀儡皇帝的大臣，乾脆廢掉了孝靜帝，自立為皇帝，即齊文宣帝，改國號齊，建元天保，建都鄴城，史稱北齊。東魏就此滅亡。

🐉 宇文家族建立北周

宇文泰，代郡武川（今內蒙古武川西南）人，為鮮卑化的匈奴人，世襲為北魏的兵戶。曾帶兵鎮壓六鎮起義和河北起義，後來投奔爾朱榮。於河陰之變時控制了關中地區，成為關中勢力最大的軍閥。

公元五三四年，北魏孝武帝元修與高歡決裂，高歡帶兵從晉陽南下，元修被迫入關中投靠宇文泰。宇文泰將元修毒殺，於公元五三五年擁立北魏孝文帝的孫子南陽王元寶炬為帝，改元大統，建都長安，與高歡所擁立的東魏對立，宇文泰掌控實權。

公元五五一年，元寶炬死後，其長子元欽嗣位，於公元五五四年被宇文泰所廢，不久被毒死。元寶炬四子元廓即位為西魏恭帝，為了迎合宇文泰的胡化運動而被迫改回複姓拓跋。

公元五五六年，宇文泰病死後，其姪宇文護掌握大權。公元五五七年宇文護迫使西魏恭帝禪讓，由宇文泰之子宇文覺即位為大周天王，定國號周，建都長安。

至此，西魏歷經兩代三帝，二十五年，終被宇文氏的北周取代。

 ## 周武帝改革

宇文泰病死後，雖由宇文覺即位，但宇文泰之侄宇文護總攬朝政大權。宇文覺不滿宇文護專權，想除掉他，政變不成反被宇文護所殺。宇文護又擁立宇文泰的庶長子宇文毓即位，是為北周明帝。

公元五六〇年，宇文護又毒死宇文毓，擁立其兄弟宇文邕即位為北周武帝。

周武帝雄才大略，勵精圖治，從公元五六五年開始就下詔釋放奴隸。這一舉措提高了勞動的生產力，促進了北周社會經濟的發展。

宇文護執掌北周政權十五年，他承繼宇文泰、蘇綽的政策，消滅了威脅北周的武將，使北周的政權更加鞏固。公元五七二年，宇文護的威望大降，武帝乘機誅殺了宇文護。

周武帝是繼魏孝文帝之後的又一位改革家，他親政後，推行均田制，減免賦役，讓人民休養生息；組織百姓開河修渠，防止水患；招募漢人建立府兵；還下詔滅佛，讓僧人和道士還俗為均田戶。這一系列措施使北周逐漸強盛起來，為統一北方打下了基礎。

 ## 周武帝統一北方

消滅北齊是北周統一北方最重要的步驟。就在滅佛的第二年，周武帝任命討伐北齊的六路將領，又派出使者去約南朝陳宣帝進兵淮南，以牽制北齊的力量。

公元五七五年七月，周武帝親自帶領六路大軍，向北齊境內進

發。公元五七六年十二月，齊後主高緯把帝位禪讓給了年幼的太子高恆。公元五七七年正月，齊幼主高恆即位不到一個月，周武帝即率大軍攻破晉陽，大舉進攻鄴城，燒毀了城西門，最終鄴城也被攻破，北齊王公大臣全部投降，延續二十多年的北齊王朝就此滅亡。

周武帝宇文邕消滅北齊，結束了全國長期分裂的局面，使中國北方重新統一。同時對促進北方民族的融合，推動社會歷史的發展，也卓有貢獻。

楊堅廢周稱帝

楊堅，漢族，鮮卑賜姓普六茹，小字那羅延，其父楊忠是西魏和北周的軍事貴族，北周武帝時官至柱國大將軍，封為隋國公，楊堅承襲父爵。

公元五七七年，北周武帝宇文邕滅掉北齊，統一了北方。後在北伐突厥的路上染上重病，於公元五七八年去世，其長子宇文贇即位，是為北周宣帝，其皇后為楊堅之女楊麗華。

宇文贇胸無大志，即位後暴虐荒淫，濫施刑罰，還在全國大選美女充實後宮。宣帝即位一年後，就將皇位禪讓給了七歲的兒子宇文闡，即北周靜帝，然後自封為天元皇帝並繼續執掌政權。

宣帝不理朝政，大臣常常見不到他，有事只能通過宦官上奏。他對大臣的猜忌逐日加深，大臣稍有違犯，重則誅殺，輕則鞭打。朝廷內外一片恐慌，統治階級的內部越來越矛盾。公元五八○年，周宣帝因縱欲過度而病死，宇文闡正式臨朝執政，任其外公楊堅為大丞相，都督軍事，總攬朝政，並晉封隋王。

公元五八一年，楊堅廢掉周靜帝，奪取了帝位，改國號隋，改元開皇，宣布大赦天下，北周滅亡。

陳後主荒淫誤國

在北方政治上動亂的時候，南陳王朝獲得了一個暫時的安定局面，歷經四代皇帝，經濟慚慚恢復起來。

公元五八三年，陳宣帝陳頊死後，南陳的末代皇帝陳後主即位。

陳後主名陳叔寶，是個完全不懂國事，只知道吃喝享樂的人。他大興土木，修建豪華的樓閣，讓他的寵妃們住在裡面，日夜宴飲取樂，並為其寵妃張麗華作豔詞《玉樹後庭花》。

而在此時，北方的隋朝漸漸強大起來，決心南下滅掉南陳，陳後主卻一點都沒有防備。隋文帝楊堅聽從謀士的計策，每逢江南將要收割莊稼的季節，就在兩國邊界上集結人馬，揚言要進攻陳朝，使得南陳的百姓沒法收割。等南陳把人馬集中起來，準備抵抗隋兵時，隋兵又不進攻了。

這樣一連幾年，南陳的農業生產受了很大影響，守軍的士氣也日漸鬆懈下來。隋兵還經常派出小隊人馬襲擊陳軍糧倉，放火燒糧食。

公元五八八年，隋文帝派他的兒子晉王楊廣、丞相楊素擔任元帥，賀若弼、韓擒虎為大將，率領五十一萬大軍，分兵八路，渡江進攻陳朝。而陳後主恃長江天險，不以為意，照樣吃喝享樂。公元五八九年正月，賀若弼的人馬從廣陵渡江，攻克京口；韓擒虎的人馬從橫江渡江到彩石，兩路隋軍逼近建康。隋兵攻入建康後，陳後主與寵妃張麗華、孔貴人避入井中，後來被俘。

南朝最後一個朝代陳朝滅亡，從三一六年西晉滅亡起，經過二百七十多年的分裂局面，中國重新一統。

顏之推作《顏氏家訓》

顏之推，字介，梁朝建康人，原籍琅琊臨沂。出身於士族家庭，家傳有《周官》、《左氏》之學，早年受到良好的家庭教育。

他博學多才，很受重用，梁元帝蕭繹時，官至散騎侍郎。梁國滅亡以後投奔北齊，官至黃門侍郎。公元五七七年，北齊又被北周所滅，他被征為御史上士。公元五八一年，隋滅北周，他又被隋文帝召為學士。他因此歎息自己「三為亡國之人」。

顏之推的傳世著作有《顏氏家訓》和《還冤志》等，其中《顏氏家訓》最早論述了早期教育和家庭教育的作用，頗受歷代推崇。

《顏氏家訓》成書於隋文帝滅陳國以後，隋煬帝即位之前。自成書以來，在中國漫長的封建社會裡，一直被作為家教範本，廣為流傳，歷久不衰。《顏氏家訓》是顏之推為了用儒家思想教育子孫，以保持自己家庭的傳統與地位而寫出的一部系統完整的家庭教育教科書。他結合自己的人生經歷、處世哲學告戒子孫。

《顏氏家訓》全書共二十篇，此書開後世「家訓」之先河，是中國歷史上第一部內容豐富、體系宏大的家訓，也是一部學術著作。

附錄一　中國歷代帝王之最

　　中國一共出現了八十三個王朝，皇帝更是不計其數，從秦始皇開始算起，秦朝二位，漢朝三十一位，三國十一位，晉朝十六位，五胡十六國七十八位，南北朝五十九位，隋朝三位，唐朝二十二位，五代十國五十五位，宋朝十八位，金遼西夏三十五位，元朝十八位，明朝十六位，清朝十二位，算上南明、北元，李自成、張獻忠、太平天國洪秀全父子以及稱帝僅八十三天的袁世凱，加起來一共四百零八位。

　　如果把秦始皇以前歷時八百四十年的東、西周朝和春秋、戰國時代的王、公、侯加進去，這一時期有王一百二十一位、公二百一十七位、侯二十三位。再把周朝以前的商朝、夏朝的六十帝也算進去，中國帝王一共有八百二十九位。

中國歷史上的第一位皇帝

　　秦始皇嬴政（公元前二五九年～公元前二一〇年），中國歷史上第一個統一的封建王朝──秦王朝的開國皇帝。「皇帝」這個尊號即由他所創立。「皇帝」是上古之「帝」位號與「泰皇」之「皇」組合而成。

最早用年號紀年的皇帝

漢武帝劉徹（公元前一五六年～公元前八七年）。他於公元前一四〇年開始使用年號「建元」紀年，開年號紀元之先河。

最早的娃娃皇帝

漢昭帝劉弗陵（公元前九四年～公元前七四年）。他於公元前八七年即位時只有八歲。

最荒唐的皇帝

漢廢帝劉賀（公元前九二年～公元前五九年）。在即位後的二十七天之內，共幹了一千一百二十七件荒唐事，平均一天四十餘件。最後，因荒淫無度、不顧社稷而被大臣們所廢。

最熱衷於科學的皇帝

新朝建立者王莽（公元前四五年～公元二三年），他曾命醫生進行過最早的人體解剖，也支持過最早的飛行實驗，他還是最早的人工食品研究者，進行過人造乳酪的實驗。

即位時年齡最小的皇帝

東漢殤帝劉隆（公元一〇五年～公元一〇六年），他登基時候剛剛出生一百天。而他的壽命也是歷代帝王中最短的，死時不足一周歲，在位僅有八個月。

冊立皇后最多的皇帝

　　十六國時期的漢昭武帝劉聰（？～公元三一八年），他在位八年，共冊立了十一位皇后。

死得最窩囊的皇帝

　　晉孝武帝司馬曜（公元三六二年～公元三九六年），他因酒後一句戲言，被最寵幸的張貴人命婢女將其悶死。

最信佛的皇帝

　　梁武帝蕭衍（公元四六四年～公元五四九年），他被後人稱為「皇帝菩薩」。梁武帝不僅大力宣導佛教，出資修建廟宇，還親自撰寫佛教著作，創立儒佛道三教同源理論。而且他還以身作則，過著苦行僧的日子。

　　在位期間，他曾前後四次出家，大臣們共花了五億兩銀子贖他還俗，使得國庫空虛。但佛祖並沒有保佑這位忠實的信徒，公元五四九年，侯景發動政變，攻克建康，梁武帝被圍，後來活活餓死。

附錄二　中國朝代年表

夏商與西周，東周分兩段；春秋和戰國，一統秦兩漢；三分魏蜀吳，二晉前後延；南北朝並立，隋唐五代傳；宋元明清後，皇朝至此完。

朝代		延續年數	都城	開國皇帝
夏朝		公元前 2070 年～公元前 1600 年	陽城	禹
商朝		公元前 1600 年～公元前 1046 年	殷	湯
西周		公元前 1046 年～公元前 771 年	鎬京 （今西安西南）	周武王姬發
東周	春秋	公元前 770 年～公元前 475 年	洛邑（今洛陽）	周平王 姬宜臼
	戰國	公元前 475 年～公元前 221 年	洛陽	
秦朝		公元前 221 年～公元前 206 年	咸陽 （今西安附近）	始皇帝嬴政
西漢		公元前 206 年～公元 9 年	長安（今西安）	漢高祖劉邦
新		公元 9 年～公元 23 年	長安	王莽

朝代		延續年數	都城	開國皇帝
東漢		公元 25 年～公元 220 年	洛陽	漢光武帝 劉秀
三國	魏	公元 220 年～公元 265 年	洛陽	魏文帝曹丕
	蜀（漢）	公元 221 年～公元 263 年	成都	漢昭烈帝 劉備
	吳	公元 222 年～公元 280 年	建業（今南京）	吳大帝孫權
西晉		公元 266 年～公元 316 年	洛陽	晉武帝 司馬炎
東晉		公元 317 年～公元 420 年	建康（今南京）	晉元帝 司馬睿
南朝	宋	公元 420 年～公元 479 年	建康	宋武帝劉裕
	齊	公元 479 年～公元 502 年	建康	齊高帝 蕭道成
	梁	公元 502 年～公元 557 年	建康	梁武帝蕭衍
	陳	公元 557 年～公元 589 年	建康	陳武帝 陳霸先

朝代		延續年數	都城	開國皇帝
北朝	北魏	公元 386 年～公元 534 年	洛陽	魏道武帝 拓跋珪
	東魏	公元 534 年～公元 550 年	鄴	魏孝靜帝 元善見
	北齊	公元 550 年～公元 577 年	鄴	齊文宣帝 高洋
	西魏	公元 535 年～公元 556 年	長安	魏文帝 元寶炬
	北周	公元 557 年～公元 581 年	長安	周孝閔帝 宇文覺
隋朝		公元 581 年～公元 618 年	洛陽	隋文帝楊堅
唐朝		公元 618 年～公元 907 年	長安	唐高祖李淵
五代十國	後梁	公元 907 年～公元 923 年	大梁（開封）	梁太祖朱晃
	後唐	公元 923 年～公元 936 年	洛陽	唐莊宗 李存勗
	後晉	公元 936 年～公元 947 年	汴梁（開封）	晉高祖 石敬瑭
	後漢	公元 947 年～公元 950 年	汴梁	漢高祖劉暠
	後周	公元 951 年～公元 960 年	汴梁	周太祖郭威
宋朝		公元 960 年～公元 1127 年	東京（開封）	宋太祖 趙匡胤
南宋		公元 1127 年～公元 1279 年	臨安（今杭州）	宋高宗趙構

朝代	延續年數	都城	開國皇帝
遼	公元 907 年～公元 1125 年	上京	遼太祖 耶律阿保機
金	公元 1115 年～公元 1234 年	中都（北京）	金太祖 完顏阿骨打
元朝	公元 1206 年～公元 1368 年	大都（北京）	元世祖 忽必烈
明朝	公元 1368 年～公元 1644 年	北京	明太祖 朱元璋
清朝	公元 1616 年～公元 1911 年	京師（北京）	清太宗 皇太極

改變中國的一千個瞬間①：遠古時期～魏晉南北朝

作　　者	朴玉銘
發 行 人	林敬彬
主　　編	楊安瑜
責任編輯	陳亮均
內頁編排	詹雅卉（帛格有限公司）
封面設計	王志強

出　　版	大旗出版社
發　　行	大都會文化事業有限公司
	11051台北市信義區基隆路一段432號4樓之9
	讀者服務專線：(02)27235216
	讀者服務傳真：(02)27235220
	電子郵件信箱：metro@ms21.hinet.net
	網　　　　址：www.metrobook.com.tw
郵政劃撥	14050529 大都會文化事業有限公司
出版日期	2013年11月初版一刷
定　　價	250元
I S B N	978-986-6234-64-4
書　　號	History49

Chinese (complex) copyright © 2013 by Banner Publishing,
a division of Metropolitan Culture Enterprise Co., Ltd.
4F-9, Double Hero Bldg., 432, Keelung Rd., Sec. 1,
Taipei 11051, Taiwan
Tel:+886-2-2723-5216　Fax:+886-2-2723-5220
E-mail:metro@ms21.hinet.net
Web-site:www.metrobook.com.tw

◎本書由鳳凰出版傳媒集團鳳凰出版社授權繁體字版之出版發行
◎本書如有缺頁、破損、裝訂錯誤，請寄回本公司更換。

大旗出版
BANNER PUBLISHING
大都會文化

國家圖書館出版品預行編目資料

改變中國的一千個瞬間①：遠古時期～魏晉
南北朝/朴玉銘 編著. -- 初版. -- 臺北市：
大旗出版：大都會文化發行, 2013.11
256面 ; 21×14.8公分.

ISBN 978-986-6234-64-4（平裝）

1.中國史 2.通俗史話

610.9　　　　　　　　　　　102019567

大都會文化　讀者服務卡

書名：改變中國的一千個瞬間①：遠古時期～魏晉南北朝

謝謝您選擇了這本書！期待您的支持與建議，讓我們能有更多聯繫與互動的機會。

A. 您在何時購得本書：_____年_____月_____日

B. 您在何處購得本書：_____書店，位於_____(市、縣)

C. 您從哪裡得知本書的消息：

　　1.□書店　2.□報章雜誌　3.□電台活動　4.□網路資訊

　　5.□書籤宣傳品等　6.□親友介紹　7.□書評　8.□其他

D. 您購買本書的動機：（可複選）

　　1.□對主題或內容感興趣　2.□工作需要　3.□生活需要

　　4.□自我進修　5.□內容為流行熱門話題　6.□其他

E. 您最喜歡本書的：（可複選）

　　1.□內容題材　2.□字體大小　3.□翻譯文筆　4.□封面　5.□編排方式　6.□其他

F. 您認為本書的封面：1.□非常出色　2.□普通　3.□毫不起眼　4.□其他

G. 您認為本書的編排：1.□非常出色　2.□普通　3.□毫不起眼　4.□其他

H. 您通常以哪些方式購書:(可複選)

　　1.□逛書店　2.□書展　3.□劃撥郵購　4.□團體訂購　5.□網路購書　6.□其他

I. 您希望我們出版哪類書籍：（可複選）

　　1.□旅遊　2.□流行文化　3.□生活休閒　4.□美容保養　5.□散文小品

　　6.□科學新知　7.□藝術音樂　8.□致富理財　9.□工商企管　10.□科幻推理

　　11.□史地類　12.□勵志傳記　13.□電影小說　14.□語言學習（_____語）

　　15.□幽默諧趣　16.□其他

J. 您對本書(系)的建議：

_____

K. 您對本出版社的建議：

_____

讀者小檔案

姓名：_____　性別：□男 □女　生日：____年____月____日

年齡：□20歲以下 □21～30歲 □31～40歲 □41～50歲 □51歲以上

職業：1.□學生 2.□軍公教 3.□大眾傳播 4.□服務業 5.□金融業 6.□製造業

　　　7.□資訊業 8.□自由業 9.□家管 10.□退休 11.□其他

學歷：□國小或以下 □國中 □高中／高職 □大學／大專 □研究所以上

通訊地址：_____

電話：（H）_____（O）_____　傳真：_____

行動電話：_____　E-Mail：_____

◎謝謝您購買本書，也歡迎您加入我們的會員，請上大都會文化網站 www.metrobook.com.tw
登錄您的資料。您將不定期收到最新圖書優惠資訊和電子報。

北 區 郵 政 管 理 局
登記證北台字第9125號
免　貼　郵　票

大 都 會 文 化 事 業 有 限 公 司

讀　者　服　務　部　　　　收

11051台北市基隆路一段432號4樓之9

寄回這張服務卡〔免貼郵票〕

您可以：

◎不定期收到最新出版訊息

◎參加各項回饋優惠活動

大旗出版
BANNER PUBLISHING

大旗出版
BANNER PUBLISHING

大旗出版
BANNER PUBLISHING

大旗出版
BANNER PUBLISHING